WILLIAM CURLEY

SCHOKOLADE

Meisterkreationen zum Selbermachen

Fotografie: Jose Lasheras

DORLING KINDERSLEY

Für Suzue, meine Muse, und unsere wundervolle Tochter Amy Rose.

DORLING KINDERSLEY
London, New York, Melbourne,
München und Delhi

Für die deutsche Ausgabe
Programmleitung Monika Schlitzer
Projektbetreuung Elke Homburg
Herstellungsleitung Dorothee Whittaker
Herstellung Mareike Hutsky

Bibliografische Information
Der Deutschen Bibliothek
Die Deutsche Bibliothek verzeichnet diese Publikation in der Deutschen Nationalbibliografie; detaillierte bibliografische Daten sind im Internet über http://dnb.ddb.de abrufbar.

Titel der englischen Originalausgabe:
COUTURE CHOCOLATE

Der Originaltitel erschien 2011 in Großbritannien bei Jacqui Small LLP, ein Imprint von Aurum Press Limited, London.

Lektorat Aby Waters, Emma Callery
Programmleitung Kerenza Swift
Gestaltung Robin Rout
Fotografie Jose Lasheras
Produktionsleitung Peter Colley

Übersetzung Carla Gröppel-Wegener
Redaktion Petra Teetz

ISBN 978-3-8310-2194-9

Printed and bound in China

Besuchen Sie uns im Internet
www.dorlingkindersley.de

INHALT

Vorwort 6

Schokoladenwelten 8

Grundlagen 10

Trüffeln 24

Pralinen 42

Tafeln & Häppchen 84

Petits Fours 108

Kuchen & Plätzchen 128

Patisserie 150

Eis, Saucen & Getränke 198

Zutaten & Ausstattung 218
Register 220
Bezugsquellen & Dank 224

VORWORT

Als William mich bat, das Vorwort zu seinem lange ersehnten Buch zu schreiben, war ich sehr geschmeichelt. In den 35 Jahren, die ich nun in der Branche arbeite, sind mir nur wenige Patissiers und Chocolatiers begegnet, die ähnlich begabt waren wie William.

Schon als Mitarbeiter in der Küche meines Restaurants »La Tante Claire« war er sehr begeisterungsfähig. Er hat immer alles gegeben, hat Fragen gestellt, neue Rezepte und Techniken ausprobiert. Zudem war er ständig darauf aus, aufregend neue und innovative Gerichte zu kreieren. Damals noch ein junger Mann, ging er bis an seine Grenzen, stellte sich Herausforderungen und erweiterte so laufend seine Fähigkeiten.

In meiner Küche galt immer der Grundsatz: Alles wird selbst zubereitet. Das war damals in Restaurantküchen durchaus nicht üblich. Meiner Meinung nach sollten Köche nämlich die Freiheit haben, zu kochen was sie möchten und wie sie es möchten. Nur so können sie zu dem Koch werden, der sie gerne sein möchten. William teilt diese Philosophie und ist ihr seine berufliche Laufbahn lang gefolgt. Ein Koch lernt sein Leben lang, jeden Tag, jede Minute. Man kann nie genug wissen, hier gibt es keine Grenzen.

William kam als Commis Chef ins »La Tante Claire« und war verantwortlich für die Petits Fours. Als er uns verließ, war er schon ein außerordentlich begabter Patissier. Er erklomm die Karriereleiter, indem er sein Wissen und seine Fähigkeiten in einigen der weltbesten Restaurants ausbaute. Später wurde er Chef Patissier im »The Savoy«, wo er auch seine heutige Frau Suzue kennenlernte. Mittlerweile führen William und Suzue zwei wunderbare Chocolaterien in Richmond und im Londoner Stadtteil Belgravia. Während Paris eine große Auswahl an hervorragenden Patisserien und Chocolaterien besitzt, gibt es im Vereinigten Königreich leider nur sehr wenige. Die von William Curley gehören dazu.

Dieses Buch eröffnet Ihnen Williams Welt mit all seinen Pralinen und Süßspeisen, seinem Feingebäck und seinen Ideen und Inspirationen, die hinter den außergewöhnlichen Geschmackskombinationen stecken. Ein absolutes Muss für Schokoladenliebhaber.

Pierre Koffmann

SCHOKOLADENWELTEN

Haben Sie Lust auf eine kleine Reise? Dann folgen Sie mir in meine Welt der Schokolade. Hier werde ich Ihnen zeigen, was mich und meine Arbeit inspiriert und beeinflusst. Sie werden lernen, wie man Schokolade richtig temperiert und Ganache zubereitet. Wenn Sie diese beiden Grundtechniken beherrschen, können Sie dann selbst die große Auswahl an modernen Rezepten aus Chocolaterie und Patisserie ausprobieren.

Ich wuchs an der Ostküste Schottlands auf. Meine Großmutter war eine fantastische Köchin, und trotzdem hätte ich es mir niemals träumen lassen, eines Tages Karriere als Chocolatier zu machen. Zunächst besuchte ich die örtliche Berufsschule, wo ich mich aber sofort zum Fach Kochen hingezogen fühlte: Schokoladen-Éclairs, englische Bakewell-Tarte und schottische Dundee Cakes – schwer, hier zu widerstehen. Zwei Jahre später begann ich als Lehrling im »Gleneagles Hotel« in Pertshire unter dem legendären Ian Ironside. Dort fasste ich den Entschluss, mich ganz auf die Patisserie und Chocolaterie zu spezialisieren. Als meine Karriere langsam in Schwung kam, folgte ich dem Ruf von Pierre Koffmann in die Küche seines mit drei Michelin-Sternen ausgezeichneten Restaurants »La Tante Claire«. Pierre Koffmann hat mir viele Türen geöffnet und meine Karriere entscheidend vorangetrieben. Bei ihm und danach bei anderen herausragenden Köchen wie Raymond Blanc, Marco Pierre White, Anton Edelmann und Marc Meneau habe ich den Grundsatz gelernt, der zum Motto meiner heutigen Arbeit geworden ist. Er lautet: niemals Kompromisse eingehen.

Getreu diesem Motto verwende ich immer nur die allerbesten Zutaten. Besonders wichtig ist erlesene Kuvertüre. Auch muss alles frisch und natürlich sein. Künstliche Geschmacks-, Farb- und Konservierungsstoffe dagegen meide ich streng. Jungköche sollten ein profundes Grundwissen und gute Techniken vermittelt bekommen. Wie in diesem Buch deutlich wird, ist es für mich sehr wichtig, klassische Gerichte und Rezepte zu modernisieren. Ich bin gerne kreativ und experimentiere mit neuen Gerichten und Geschmackskombinationen. Die Suche nach ungewohnten und unerwarteten Verbindungen ist für mich stets eine große und wunderbare Herausforderung.

Dank meiner Frau Suzue bin ich stark von Japan und seiner lebhaften Patisserie-Szene beeinflusst. Nach wie vor schätze ich Reisen nach Frankreich. Früher fuhr ich oft mit dem Nachtbus nach Paris und verbrachte ganze Wochenenden damit, durch Patisserien und Chocolaterien zu schlendern, das Angebot zu bewundern und zu kosten und davon zu träumen, eines Tages mein eigenes Geschäft zu eröffnen.

Es ist mir ein großes Anliegen, Nachwuchs auszubilden. Einige unsere ehemaligen Auszubildenden haben heute leitende Positionen in unserer Küche inne. Für unser Handwerk ist es enorm wichtig, die nächste Generation zu lehren und zu inspirieren.

WILLIAM CURLEY
PATISSIER CHOCOLATIER

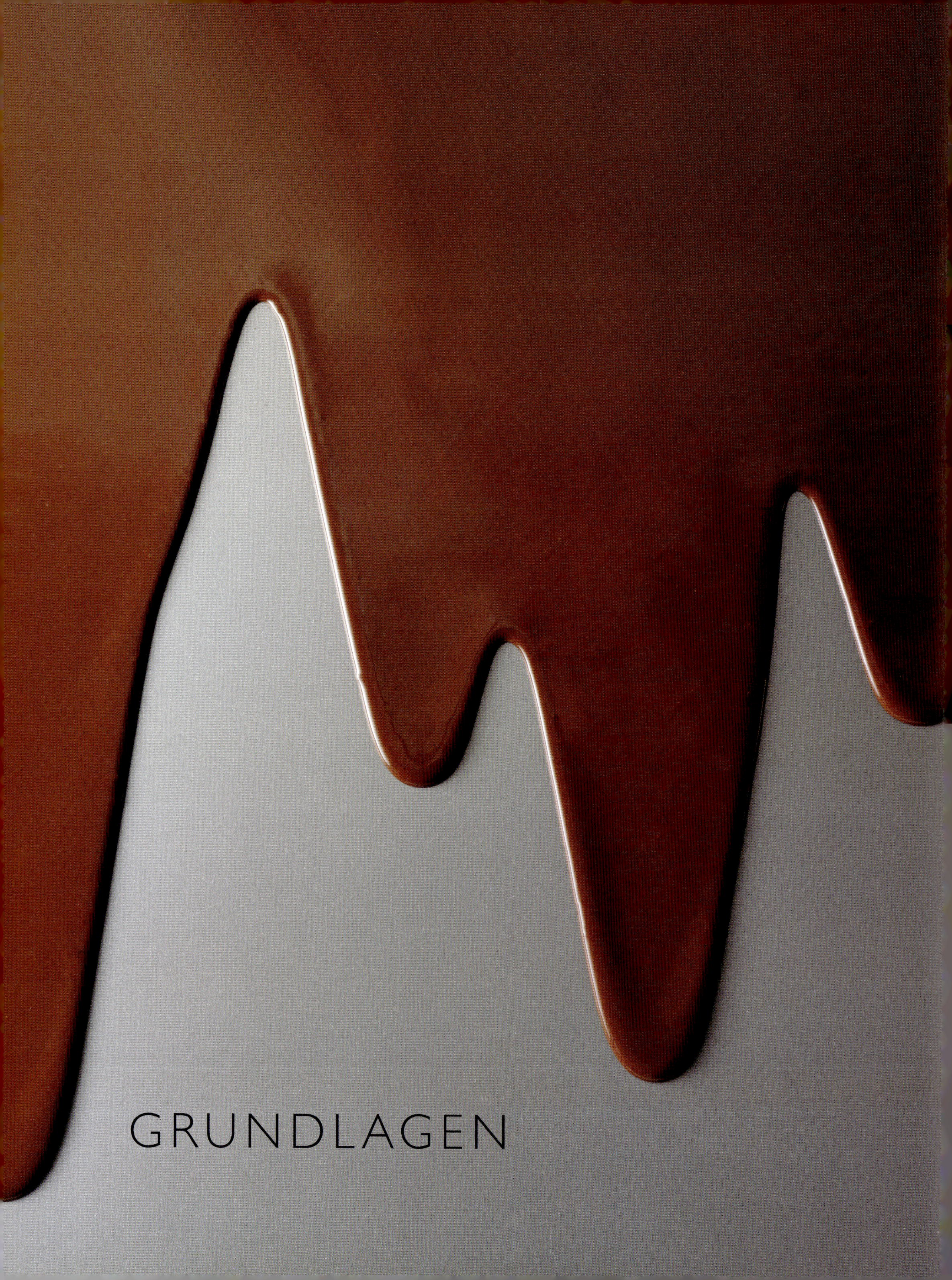

GRUNDLAGEN

DIE ENTDECKUNG DES KAKAOS

Schon die Olmeken sollen um 1500 v. Chr. ein Getränk aus zerstoßenen Kakaobohnen, Wasser und Gewürzen wie Chili gekocht haben. Sie wären damit die ersten Menschen, die Kakao getrunken haben.

Die Olmeken, gefolgt von den Azteken und den Mayas, waren auch die Ersten, die Kakaobäume kultivierten. Und Kakaobohnen waren in Mesoamerika schon früh ein bedeutender Rohstoff, verwendet als Währung und als Bestandteil religiöser Rituale.

Als Christoph Kolumbus 1502 auf der Insel Guanaja landete, wurde ihm ein Beutel mit Kakaobohnen überreicht. Er aber erkannte ihren Wert nicht. 1519 erreichte dann Hernán Cortés die Küste des heutigen Mexikos und begann seine berühmte Eroberung des Aztekenreichs. Er erkannte die Bedeutung des braunen Goldes erst, als er gemeinsam mit dem Herrscher Montezuma einen Kakaotrunk zu sich nahm. Die spanischen Konquistadoren versuchten daraufhin, das Getränk mit regionalen Zutaten wie Zuckerrohr, Vanille, Zimt und Pfeffer ihrem Geschmack anzupassen. Dass Cortés bei seiner Heimkehr kein echtes Gold vorzuweisen hatte, wurde mit Enttäuschung aufgenommen. Kakaobohnen, das »braune Gold«, fanden erst 1544 im Gepäck von Abgesandten der Mayas offiziell den Weg nach Spanien.

Im Laufe des 17. Jahrhunderts kam Kakao auch in andere Hafenstädte Europas und eroberte von dort aus schnell die Gaumen jeder Region. Bereits gegen Ende dieses Jahrhunderts wurden in London Geschäfte eröffnet wie *The Coffee Mill* und *Tobacco Roll,* die zu den ersten »Gentleman's Clubs« gehörten. Ab 1674 wurde Schokolade dort zunächst in Form von Pastillen und später auch in Backwaren und kleinen Kuchen angeboten.

Der Niederländer Coenraad J. Van Houten entwickelte als Erster eine hydraulische Presse, mit der die Kakaobutter (das hellgelbe, essbare Pflanzenfett, das aus Kakaobohnen gewonnen wird) von der Kakaomasse getrennt wird. Damit konnten zwei Drittel des Fettanteils abgepresst werden. Der so entstandene Kakaopresskuchen galt als verträglicher. So wurde erstmals Kakaopulver hergestellt. Van Houten ließ sich zudem die Zugabe einer Base zum Kakaopulver patentieren. Kakaopulver, das nach dieser holländischen Tradition hergestellt wird, hat eine dunkle und rötliche Färbung und einen besseren Geschmack, da die natürliche Säure des Kakaos reduziert wurde.

Schokolade in ihrer heutigen Form wurde 1847 in Bristol von J. S. Fry & Sons entwickelt, aufbauend auf Van Houtens Erfindungen. Sie entwickelten ein Verfahren, mit dem man Kakaobutter unter Zugabe von Zucker wieder mit dem mit Base behandelten Kakaopulver verbinden konnte. Die so entstandene Paste war formbar und das Resultat die erste Tafel Schokolade.

Als die industrielle Revolution auf ihrem Höhepunkt war, eröffneten in ganz Europa Schokoladenfabriken. Die Schokoladenindustrie war geboren.

Foto rechts: Amedei *(siehe Seite 16)* Kakaofrucht, Kakaobohnen und Kakaobruch aus der Karibik

Der Kakaobaum

Ursprünglich stammt Kakao aus Südamerika. Kakaobäume wachsen in Venezuela, Ecuador, Mexiko und auf den Inseln der Karibik. Auch heute noch sind diese Regionen dafür bekannt, mit den besten Kakao der Welt zu produzieren.

Kakaobäume wachsen in den unteren Schichten des Regenwaldes. Höhere Bäume schützen sie vor starkem Wind und Regen. Am besten gedeiht Kakao in hoher Luftfeuchtigkeit auf beiden Seiten des Äquators. In dieser Zone verbreiteten sich die Pflanzen rund um den Globus. Heute gedeihen Kakaobäume bei sehr hoher Luftfeuchtigkeit und 20–35° C auch entlang der Westküste Afrikas, auf Madagaskar, in Indonesien und Malaysia.

Man unterscheidet drei Arten von Kakaobäumen:

Criollo Die Früchte des Criollo-Baumes tragen nur wenige Kakaobohnen sehr hoher Qualität mit feinem und vielschichtigem Aroma. Die Sorte ist in Zentralamerika beheimatet, wird mittlerweile aber auch in der Karibik angebaut. 2–3 % des weltweit gehandelten Kakaos stammen aus dieser Sorte.

Forastero Diese Kakaosorte ist am weitesten verbreitet und wächst auf 85 % der weltweiten Anbaufläche. Sie ist sehr widerstandsfähig und ertragreich. Die Forastero-Bäume stammen ursprünglich aus dem Amazonasgebiet, machen heute aber auch die gesamte afrikanische Kakaoernte aus.

Trinitario Diese Hybridsorte entstand aus der Kreuzung von Criollo und Forastero auf Trinidad.

DER WEG ZUR SCHOKOLADE

Kakaofrüchte werden von Hand mit Macheten oder Werkzeugen mit langen Griffen vom Baum geschnitten.

Kakaobohnen werden vorsichtig aus den aufgeschnittenen Kakaofrüchten gelöst.

Kakaobruch bleibt nach dem Rösten, Aufbrechen und Säubern der Kakaobohnen zurück.

Kakaomasse nennt man die Paste, die durch das Mahlen des Kakaobruchs entsteht.

Kakaobutter wird aus der Kakaomasse gepresst.

Kakaopulver verbleibt nach dem Pressen der Kakaobutter aus der Kakaomasse.

Schokoladenkuvertüre ist mit Kakaobutter angereicherte und mit Zucker und Vanille verarbeitete Kakaomasse.

Theobroma cacao *(Kakaobaum) stammt ursprünglich aus Südamerika, wächst heute aber auch in Westafrika, auf Malaysia und den Inseln der Karibik. Weltweit gibt es 5–6 Millionen Kakaobauern, insgesamt leben 40–50 Millionen Menschen vom Kakaoanbau.*

Kakaobäume werden zweimal im Jahr abgeerntet, wobei die erste Ernte in der Regel mehr Ertrag bringt. Die Erntezeiten sind regional verschieden. Bei der Ernte werden reife Kakaofrüchte von Hand vom Baum geschnitten oder geschlagen und anschließend halbiert. Dann löst man die Kakaobohnen mitsamt der sie umgebenden Fruchtpulpe heraus und schichtet sie in mit Bananenblättern ausgelegte Holzkisten. Die süße Fruchtpulpe fördert den Fermentationsprozess, der den späteren Geschmack der Schokolade beeinflusst. Die Fermentation dauert 4–6 Tage.

Daraufhin werden die Kakaobohnen auf großen Holzpaletten ausgebreitet und trocknen 1–2 Wochen in der Sonne. Auch dies fördert die Geschmacksentwicklung. Die getrockneten Bohnen werden sortiert, in Leinensäcke verpackt und an die Schokoladenproduzenten verschifft. Hier werden sie leicht geröstet, damit sich der Geschmack weiter entfaltet. Anschließend werden sie maschinell aufgebrochen, die Schalen werden entfernt und der entstandene Kakaobruch wird sortiert.

Der Kakaobruch wird zwischen mehreren Walzen fein gemahlen. So entsteht die Kakaomasse, die mit zusätzlicher Kakaobutter, Zucker und Vanille (manchmal auch noch Sojalecithin) zu Schokoladenmasse verknetet wird. Diese Masse ist recht sandig und wird nun konchiert, damit die Schokolade später eine cremige und samtige Konsistenz hat und nicht bitter schmeckt. Das Wort »Konche« kommt vom spanischen Wort *concha* (Muschel), denn das Behältnis, in dem die Schokolade ursprünglich verarbeitet wurde, war muschelförmig. In dieser Phase des Vermahlens entwickelt die Schokolade ihren individuellen Geschmack, Aroma und Konsistenz. Bei der Produktion kommerzieller Schokolade dauert diese Herstellungsphase bis zu 12 Stunden. Bei der Produktion von Schokolade mit Premium-Qualität lässt man sich dafür 40–70 Stunden Zeit.

Foto rechts: Schokoladenkuvertüre

SCHOKOLADE IN DER PRAXIS

Achten Sie bei der Auswahl Ihrer Zutaten auf Qualität und kosten Sie, bis Sie die passenden gefunden haben. Egal, was Sie zubereiten möchten – gehen Sie beim Kauf niemals Kompromisse ein.

Schokoladensorten

Schokoladenkuvertüre ist die qualitativ hochwertigste Schokolade. Wir empfehlen sie für alle unsere Rezepte. Ihr Kakaobutteranteil liegt bei 32–39%, sodass die Schokolade – wenn richtig temperiert – mit einem deutlichen Knacken bricht, seidig glänzt und einen zarten Schmelz und vollen Geschmack hat. Durch den hohen Anteil an Kakaobutter besitzt Schokoladenkuvertüre hervorragende Fließeigenschaften und lässt sich sehr gut verarbeiten. Überzüge aus Schokoladenkuvertüre werden feiner als die aus Schokolade mit einem geringeren Kakaobutteranteil. Die auf der Verpackung genannten Kakaoanteile stehen für die Gesamtmenge an Kakaomasse und Kakaobutter in der Schokolade. Angegeben sind noch Zucker, Vanille und manchmal Sojalecithin.

Schokoladenkuvertüre ist die wichtigste Zutat in unserem Metier und meiner Meinung nach sind die Produkte der Firma Amedei die besten. Alle unsere Rezepte wurden mit Amedei-Schokoladen entwickelt und sind auf ihre speziellen Charakteristiken abgestimmt.

Die feine Schokolade von Amedei wird im toskanischen Städtchen Pontedera aus den Kakaosorten Criollo und Trinitario hergestellt. Wir verwenden die Mischungen mit vollmundigem und komplexem Geschmack für alle unsere Kreationen. Amedei verarbeitet einige der besten Kakaobohnen der Welt und führt jeden Produktionsschritt mit größter Sorgfalt aus. Jede Mischung wird über 70 Stunden konchiert – auch das macht die Schokoladen so hervorragend. Da keine der Schokoladen Sojalecithin enthält, sind sie in geschmolzenem Zustand etwas dickflüssiger – also Vorsicht beim Temperieren.

Weitere gute Schokoladenproduzenten sind Valrhona, Michel Cluizel, Pralus und Amano. *(Bezugsquellen siehe Seite 224)*. Nehmen Sie sich Zeit und kosten Sie verschiedene Schokoladen, um die richtige zu finden.

Dunkle Schokolade verleiht jedem unserer Schokoladenrezepte eine besondere geschmackliche Intensität. Wir verwenden sie vor allem, weil in dunkler Schokolade die natürlichen Geschmacksaromen des Kakaos überwiegen. Besonders empfehlenswert ist Edelbitter-Schokolade mit mindestens 60% Kakaoanteil.

Milchschokolade enthält Milchpulver. Verwenden Sie möglichst eine Sorte mit mindestens 30% Kakaoanteil. Ich persönlich bevorzuge Milchschokolade mit einem leichten Karamell- oder Malzgeschmack.

Weiße Schokolade verwenden wir nur für Patisserie und Feingebäck, für Eis, Tafeln und Häppchen. Sie sollte nur Kakaobutter, aber keine zusätzlichen Fette (etwa Pflanzenfett) enthalten.

Kakaopulver wird gewonnen, indem man die Kakaobutter aus der ungesüßten Kakaomasse presst. Unbehandeltes Kakaopulver hat eine rötliche Farbe und einen säuerlichen Geschmack. Kakaopulver nach holländischer Tradition wird bei der Herstellung mit einer Base behandelt und besitzt dadurch einen milderen Geschmack und einen dunkleren Farbton. Grundsätzlich empfehle ich diese Sorte. Verwenden Sie immer ungesüßtes Kakaopulver ohne künstliche Zusatzstoffe.

Kakaobruch bleibt zurück, nachdem die gerösteten Kakaobohnen aufgebrochen und ihre Hüllen entfernt wurden. Der manchmal auch »Nibs« genannte Bruch hat einen intensiven Geschmack und ist schön knusprig.

Schokolade kaufen

In unseren Rezepten geben wir als grobe Richtlinie die Kakaoanteile der jeweils verwendeten Schokolade in Prozent an. Wenn Sie diese Schokolade nicht bekommen oder einen kräftigeren beziehungsweise milderen Geschmack wünschen, experimentieren Sie ruhig! Bedenken Sie aber stets, dass die Menge der Kakaoanteile den Geschmack beeinflusst. Schokolade ist temperamentvoll, und jegliche Veränderung in der Balance wird zu einer Veränderung im Ergebnis führen – mal besser, mal schlechter. Für hervorragende Ergebnisse sollten Sie immer nur mit qualitativ hochwertiger Schokoladenkuvertüre arbeiten.

Achten Sie beim Einkauf von Schokolade auf die auf der Verpackung angegebenen Inhaltsstoffe:

- Lassen Sie sich nicht von der Angabe der Kakaoanteile (in Prozent) verwirren: Eine hohe Prozentzahl ist nicht zwangsläufig ein Zeichen guter Qualität, sondern gibt nur an, wie viel Kakaomasse und Kakaobutter insgesamt in der Schokolade enthalten sind.
- Achten Sie darauf, dass Trinitario- oder Criollo-Kakaobohnen als Zutaten aufgeführt sind.
- Vermeiden Sie Schokoladen, die viele Zusatzstoffe enthalten.

Schokolade verkosten

Nehmen Sie sich Zeit für die Auswahl von Schokolade und kosten Sie verschiedene Sorten und Varietäten. Einige wichtige Aromen sind sehr fein, und so braucht man eine gewisse Übung und Erfahrung, um sie herausschmecken zu können. Ist man in der Lage zu erkennen, wie sich verschiedene Regionen und Mischungen als unterschiedliche Geschmacksnuancen in Schokolade widerspiegeln, wird man sie umso mehr genießen und einzelne Aromen und Merkmale besonders schätzen lernen.

Es heißt, dass eine Schokolade bis zu 400 verschiedene Aromen haben kann – von Tabak und Malz bis zu Gras und Früchten. Häufig und relativ leicht zu erkennende Aromen sind Beeren, Honig, Karamell, Gewürze, Zitrusfrüchte, Vanille, Wein und Minze.

Gute Hersteller geben als Orientierung für den Konsumenten auf der Verpackung oft Degustationsnotizen an. Hier ein paar Tipps, um Sie und Ihre Sinne durch die Verkostung von Schokoladen zu führen:

Betrachten Schokolade sollte dunkelbraun sein wie Mahagoni. Ist sie fast schwarz, kann es sein, dass die Kakaobohnen zu stark geröstet wurden. Auch sollten keine weißen Streifen oder Spuren auf der Schokolade zu sehen sein. Dabei handelt es sich um Zucker- oder Fettreif, verursacht durch starke Temperaturschwankungen oder falsche Lagerung.

Hören Schokolade guter Qualität bricht mit hörbarem Knacken und sollte nicht krümeln.

Riechen Gute Schokolade sollte ein komplexes Aroma verströmen, aber niemals zu stark duften. Der Duft kann süß, fruchtig oder nussig sein. Schokolade sollte niemals verbrannt oder nach Chemikalien riechen.

Kosten Lassen Sie ein kleines Stück Schokolade langsam auf der Zunge schmelzen. Die Aromen werden sich an Ihrem Gaumen entfalten. Gute Schokolade entwickelt allmählich einen angenehmen Nachgeschmack.

Fühlen Im Mund sollte die Schokolade sich zart und samtig anfühlen. Körnige Konsistenz ist ein Zeichen für kurzes Konchieren oder schlechtes Temperieren. Fühlt sie sich klebrig oder klumpig an, wurden statt Kakaobutter vermutlich andere Fette verarbeitet.

Weitere Zutaten

Sahne, Butter und Zucker sind weitere wichtige Zutaten bei der Herstellung von Pralinen und anderen Köstlichkeiten aus Schokolade. In vielen Rezepten verwenden wir Invertzucker *(siehe Seite 23)* zur Stabilisierung der Schokolade. Invertzucker können Sie durch feinen braunen Zucker ersetzen.

Lagerung

Bewahren Sie Schokolade immer an einem kühlen und trockenen Ort auf – und vor allem getrennt von Lebensmitteln, die stark riechen. Extreme Temperaturen und Feuchtigkeit können sich negativ auf Schokolade auswirken. Lagern Sie Ihre Schokolade deshalb auch niemals im Kühlschrank. Sobald sie nämlich wieder Raumtemperatur annimmt, kann die durch Kondensation entstehende Feuchtigkeit den sogenannten Zuckerreif (weiße Schlieren) auf der Schokolade verursachen.

Verzehren Sie Selbstgemachtes aus Schokolade möglichst innerhalb weniger Tage – je frischer, desto besser.

Professionelle und private Küchen

Dieses Buch soll nicht nur Rezeptsammlung, sondern auch Inspirationsquelle sein. Wenn Sie die Rezepte in Ihrer Küche ausprobieren, bedenken Sie, dass ich über 20 Jahre gebraucht habe, um mir das hier präsentierte Wissen und die entsprechenden Techniken anzueignen und zu perfektionieren.

Wir haben unsere Rezepte für den Einsatz in privaten Küchen angepasst. Dabei haben wir uns stets bemüht, die Rezepte so »benutzerfreundlich« wie möglich zu gestalten.

Bisweilen verwenden wir Küchengeräte und Hilfsmittel, die in Ihrem Haushalt sicher nicht zur Verfügung stehen. Benutzen Sie ruhig Alternativen dafür, aber denken Sie daran, dass diese das Endergebnis unter Umständen beeinflussen können.

Ein gutes Beispiel für die Unterschiede zwischen den Arbeitsabläufen in professionellen und privaten Küchen ist die Herstellung von Ganache: Wir haben spezielle Kühlschränke mit Luftentfeuchtern, wo die Ganache zwischen den einzelnen Produktionsschritten immer wieder kühl gelagert wird, damit das Endprodukt stabiler und länger haltbar ist. Wenn Sie zu Hause Pralinen herstellen und sie noch am selben Tag genießen möchten, ist eine längere Stabilisierungsperiode aber gar nicht nötig.

Für unser Feingebäck bereiten wir die einzelnen Bestandteile wie Biskuits, Glasuren und Sirupe im Voraus und in großen Mengen zu. So lassen sich die entsprechenden Gebäckstücke immer schnell fertigstellen. Mit dieser Technik können auch Sie zu Hause im Handumdrehen köstliche Desserts zaubern.

SCHOKOLADE TEMPERIEREN

Die Kakaobutter in Schokolade setzt sich aus unterschiedlichen Fettmolekülen zusammen, die bei verschiedenen Temperaturen auskristallisieren. Durch das Temperieren wird bei einigen dieser Fette die Bildung stabiler Kristalle begünstigt, und die verschiedenen Fettkristalle werden gleichmäßig in der Schokolade verteilt.

Richtig temperierte Schokolade erstarrt schnell, ihre Oberfläche ist fest, glänzt seidig und sie bricht mit einem hörbaren Knacken. Schokolade die zum Überziehen von Pralinen, für die Herstellung von Pralinenhohlkörpern oder Dekorationen verwendet wird, muss immer temperiert werden.

Sind Schlieren auf der Schokolade, hat sie eine stumpfe Oberfläche oder ist sie krümelig, wurde beim Temperieren vermutlich nicht die nötige Temperatur erreicht. Die Schokolade muss erneut temperiert werden.

500 g Edelbitter-**Schokolade** (65 % Kakaoanteil), fein gehackt, oder Schokoladenkuvertüre-Chips

1 Die gehackte Schokolade in eine Schüssel geben und diese in ein Wasserbad stellen. Das Wasser sollte sieden, niemals kochen, damit die Schokolade nicht anbrennt. Die Schokolade unter ständigem Rühren schmelzen und auf 45–50 °C erwärmen. So werden Zucker- und Fettmoleküle gleichmäßig in der Schokolade verteilt.

2 Etwa zwei Drittel der Schokolade auf eine Arbeitsfläche aus Marmor oder Granit gießen. Die restliche Schokolade in der Schüssel im Wasserbad belassen, damit sie ihre Temperatur hält. Die Schokolade auf dem Marmor kühlt schnell ab.

Tipp:
- Die Schokolade darf auf keinen Fall zu stark erhitzt werden, da sie leicht anbrennt, körnig und instabil wird.

3 Die Schokolade auf der Arbeitsfläche mit einer Winkelpalette mit gleichmäßigen Bewegungen verstreichen und wieder zusammenbringen. Dabei keine Luft in die Schokolade einarbeiten. Diesen Vorgang wiederholen, bis die Schokolade dickflüssig und auf 28–29 °C abgekühlt ist. Die Temperatur am besten mit einem Thermometer überprüfen. Vorsicht, die Schokolade wird jetzt sehr schnell fest.

Temperaturen zum Temperieren von Amedei-Schokoladenkuvertüre

Schokoladensorte	Schmelzen auf	Abkühlen auf	Erneut erwärmen auf
Dunkle Schokolade	45–50 °C	28–29 °C	31–32 °C
Milchschokolade	45–50 °C	26–27 °C	29–30 °C
Weiße Schokolade	45 °C	26–27 °C	29–30 °C

Ich arbeite am liebsten mit Schokoladenkuvertüre von Amedei *(siehe Seite 16)*. Die in diesem Buch angegebenen Temperaturen sind auf die Verwendung dieser Schokolade abgestimmt. Schokoladen anderer Hersteller benötigen eventuell leicht abweichende Temperaturen beim Temperieren.

Temperieren auf Marmor

Profis temperieren Schokolade meist auf Marmor- oder Granit-Arbeitsflächen. Darauf kühlt sie besonders schnell ab – auch in Küchen, in denen es sehr warm ist.

Wenn Sie nicht über eine solche Arbeitsfläche verfügen, temperieren Sie Ihre Schokolade am besten nach der Impfmethode (*siehe Seiten 20–21*).

4 Die abgekühlte Schokolade mit der Winkelpalette und einem Metallschaber zusammenschaben und zur warmen Schokolade in die Schüssel geben. Alles zu einer gleichmäßigen Masse verrühren.

5 Die Schokolade sollte nun eine Temperatur von 31–32 °C haben. Wird diese Temperatur nicht erreicht, im Wasserbad unter Rühren weiter erwärmen.

Tipp: Wenn Schokolade während der Verarbeitung abkühlt und dickflüssig wird, kann sie unter Rühren im Wasserbad wieder leicht erwärmt werden. Dabei jedoch nicht zu stark erhitzen, da die Temperierung sonst eventuell verloren geht.

Kleine Mengen temperieren

Mit 500 g temperierter Schokolade können Sie etwa 80 Pralinen überziehen. Dies ist auch die kleinste Menge Schokolade, die sich bequem temperieren lässt. Daher arbeiten wir mit dieser Menge auch in den meisten unserer Rezepte. Bleibt etwas temperierte Schokolade übrig, lassen Sie diese in einem luftdicht schließenden Behälter abkühlen und bewahren sie gut verschlossen an einem kühlen, trockenen Ort bis zum nächsten Gebrauch auf.

IMPFMETHODE

Mit dieser sauberen Methode können Sie Schokolade temperieren, wenn Sie keine Arbeitsfläche aus Marmor besitzen oder wenn Sie kleinere Mengen benötigen. Sie brauchen dafür nur Wasserbad, Teigschaber und Thermometer. Zum Überziehen von Pralinen und zum Herstellen von Hohlkörpern ist mindestens diese Menge erforderlich.

500 g Edelbitter-Schokolade (65 % Kakaoanteil), fein gehackt, oder Schokoladenkuvertüre-Chips

1 Zwei Drittel der gehackten Schokolade in eine Schüssel geben und diese in ein Wasserbad stellen. Das Wasser sollte niemals kochen, damit die Schokolade nicht anbrennt. Die Schokolade unter Rühren schmelzen und auf 45–50 °C erwärmen. Dabei verteilen sich alle Zucker- und Fettmoleküle gleichmäßig in der Schokolade.

2 Die restliche Schokolade zugeben – diesen Vorgang nennt man »Impfen«. Beständig und kräftig rühren, bis die gesamte Schokolade geschmolzen und die Masse auf 31–32 °C abgekühlt ist. Dabei die Temperatur regelmäßig mit dem Thermometer überprüfen. Kühlt die Schokolade zu stark ab, im Wasserbad wieder leicht erwärmen.

Tipps für das Temperieren

- Flüssige Schokolade hat bei einer Temperatur von 31–32 °C ihre Verarbeitungstemperatur. Die Schokolade ist dann temperiert und kann verwendet werden. Zur Probe die Spitze einer Palette in die Schokolade tauchen und beiseitelegen. Wird die Schokolade auf der Palettenspitze schnell fest, glänzt seidig und gleichmäßig, ist sie temperiert *(siehe unten rechte Palette)*.

- Vorsicht bei der Verwendung des Wasserbads: Unter keinen Umständen darf Wasser oder Dampf mit der Schokolade in Berührung kommen. Schokolade besteht aus Kakaomasse, Kakaobutter, Zucker, Vanille und eventuell Milchpulver. Schon ein winziger Tropfen Wasser feuchtet diese Inhaltsstoffe an. Die Kakaomasse verklumpt dann und trennt sich von der Kakaobutter. Auch darf Schokolade beim Schmelzen niemals abgedeckt werden, da der entstehende Dampf am Deckel kondensieren und in die Schokolade tropfen würde.

- Gelangt dennoch einmal Wasser oder Dampf in die Schokolade, kann sie noch zur Herstellung von Eis, Schokoladengetränken oder zum Backen verwendet werden.

- Durch zu starkes Erhitzen trennen sich die Kakaomasse und die anderen Inhaltsstoffe von der Kakaobutter. Die Schokolade brennt an, wird trocken und verfärbt. Verbrannte Schokolade lässt sich nicht retten oder weiterverarbeiten. Also Vorsicht!

GANACHE GRUNDREZEPT

Ganache ist eine Emulsion aus Schokoladenkuvertüre und Sahne. Zum Aromatisieren können aber auch andere Flüssigkeiten wie zum Beispiel Fruchtpüree *(siehe Johannisbeerpüree, Seite 124)* hinzugefügt werden. Ganache ist die Basis vieler Rezepte in diesem Buch. Der Schlüssel zu einer richtig guten Ganache ist die Qualität der Zutaten. Wir verwenden dafür die Schokoladen von Amedei *(siehe Seite 16)*, einem kleinen Produzenten aus der Toskana. Aber auch alle weiteren von uns für die Ganache verwendeten Zutaten sind von bester Qualität.

Angeblich wurde Ganache im späten 19. Jahrhundert in Frankreich erfunden, als ein Lehrling bei dem Versuch eine Crème Anglaise zu kochen, die heiße Sahne aus Versehen in eine Schüssel mit gehackter Schokolade goss, statt zu den mit Zucker aufgeschlagenen Eiern. Der Legende nach schimpfte ihn der Küchenchef daraufhin *ganache* (Idiot). Der Lehrling aber verrührte Schokolade und Sahne und erhielt eine köstliche Masse. Er war also gar kein Idiot.

Ganache für etwa 80 Trüffeln oder Pralinen

435 g Sahne (oder Fruchtpüree, *siehe* Himbeertrüffeln *Seite 38)*
60 g Invertzucker *(siehe Seite 23)*
500 g Edelbitter-Schokolade (66 % Kakaoanteil), fein gehackt
75 g weiche Butter, gewürfelt

Meine Methode

Ich bereite meine Ganache seit vielen Jahren nach dieser Methode zu und erziele stets gute Ergebnisse.

1 Die Sahne mit dem Invertzucker aufkochen. Vom Herd nehmen und auf 65–70 °C abkühlen lassen.

2 Die Schokolade in einer Schüssel im Wasserbad schmelzen und auf etwa 45 °C abkühlen lassen. Die abgekühlte Sahne unterrühren.

Alternative Methode

mit den gleichen Zutaten

1 Die Sahne mit dem Invertzucker aufkochen.

2 Die heiße Sahne unter Rühren zur gehackten Schokolade gießen. Weiterrühren, bis eine gleichmäßige Masse entstanden ist.

Invertzucker

Bei dieser Zuckerart wurden die Moleküle durch den chemischen Prozess der Inversion umgewandelt. Invertzucker wird gewonnen, indem eine einfache Zucker-Wasser-Lösung unter Zugabe von etwas Säure (als Katalysator) erhitzt wird. Diese Zuckerart eignet sich gut für die Herstellung von Ganache, da sie eine antikristallisierende und damit stabilisierende Wirkung hat. So bleibt die Ganache und die damit hergestellten Produkte länger haltbar *(Bezugsquellen siehe Seite 224)*.

Als Alternative zu Invertzucker kann feiner brauner Zucker zu gleichen Mengen verwendet werden. Damit hergestellte Produkte sind jedoch nicht so lange haltbar *(siehe Seite 17)*. Honig zu gleichen Mengen ist eine zweite Alternative. Allerdings wird sein Eigengeschmack in den Pralinen erkennbar sein. Vollständig auf Invertzucker zu verzichten, ist auch möglich, doch sind die Produkte dann nur sehr begrenzt haltbar.

3 Umrühren, bis eine gleichmäßige Masse entstanden ist.

4 Die Butter hinzufügen und vollständig unterrühren. Soll die Ganache mit einer Flüssigkeit aromatisiert werden *(siehe Seite 35)*, diese einrühren.

5 Die Ganache etwa 1 Stunde abkühlen lassen. Dann je nach Rezept verwenden.

3 Die Butter hinzufügen und vollständig unterrühren.

4 Die Ganache etwa 1 Stunde abkühlen lassen. Dann je nach Rezept verwenden.

TRÜFFELN

1

2

WAS SIND TRÜFFELN?

Trüffeln sind kleine Kugeln aus Ganache, einer Mischung aus Schokolade, Sahne, Zucker und Butter *(siehe Seiten 22–23)*. Sie wird auch gerne als Füllung in Pralinen und Feingebäck verwendet. Früher nannte man kleine, in Schokolade und Kakao gerollte Ganache-Kugeln Schokoladentrüffeln wegen ihrer Ähnlichkeit mit den wertvollen Schwarzen Trüffeln. Heute werden Trüffeln häufig mit Alkohol, Früchten und Nüssen aromatisiert.

Wir produzieren Trüffeln in zweierlei Formen und versehen sie mit verschiedenen Umhüllungen. Dabei bewahren wir das rustikale Aussehen ursprünglicher Schokoladentrüffeln. Nur unsere Milchschokoladen-Trüffeln *(siehe Seite 30)* schneiden wir in Quadrate.

Trüffeln werden am besten in einem luftdicht schließenden Behälter kühl und trocken (nicht im Kühlschrank) aufbewahrt und innerhalb weniger Tage verzehrt. Je frischer sie sind, desto besser schmecken sie. Die Mengen der folgenden Rezepte können Sie halbieren.

Ganache spritzen

Wir spritzen die meisten unserer Trüffeln wie unten beschrieben. Das ist einfach und lässt die Trüffeln schön rustikal aussehen.

3

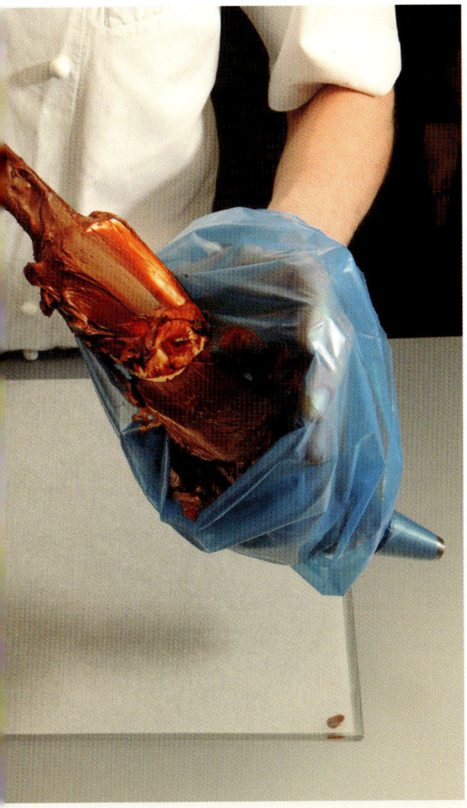

4

5

1 Ein Backblech mit Backpapier belegen. In den Ecken zwischen Papier und Blech jeweils einen Tropfen Ganache tupfen und das Papier sanft andrücken. Dies verhindert, dass das Papier sich löst und verrutscht, während die Ganache aufgespritzt wird.

2 Die benötigte Lochtülle (12 mm für Kuppeln, 15 mm für Streifen) in den Spritzbeutel einsetzen. Bei Einwegspritzbeuteln bei Bedarf die Spitze aufschneiden.

3 Den Beutel zur Hälfte mit Ganache füllen. Vorsicht, ist der Beutel zu voll, fällt das Spritzen schwer.

4 Mit etwas Abstand etwa 2 cm große Ganache-Kuppeln …

5 … oder fingerbreite Ganache-Streifen auf das Backpapier spritzen. Das Backblech 2–3 Stunden an einen kühlen, trockenen Ort stellen, damit die Ganache etwas fester wird. Die Ganache-Streifen dann mit einem warmen, trockenen Messer in 3,5 cm lange Stücke schneiden.

Ganache gießen

Nach dieser Methode bereiten wir unsere Milchschokoladen-Trüffeln *(siehe Seite 30)* und die Ganache-Quadrate für unsere Pralinen *(siehe Seiten 42–83)* zu.

1

2

3

1 Eine Silikonmatte mit Rand auf ein Backblech stellen und mit Schokoladen-Kakaobutter-Lösung *(siehe rechte Seite)* bestreichen. Die Lösung 4–5 Minuten fest werden lassen.

2 Ein Grundrezept Ganache *(siehe Seiten 22–23)* oder aromatisierte Ganache *(siehe Seiten 48–51)* in die Silikonmatte gießen.

3 Die Ganache gleichmäßig in der Matte verteilen. An einem kühlen, trockenen Ort offen über Nacht fest werden lassen.

Ganache schneiden

1 Mit einem Teigrad, Messer oder Zahnstocher 2,5 cm große Quadrate auf der Oberfläche der Ganache markieren. Die Klinge des Messers mit einem Fön erhitzen. (Nicht mit heißem Wasser erhitzen, da Feuchtigkeit der Ganache schadet.)

2 Die Ganache mit dem heißen Messer entlang der Markierungen in Würfel schneiden.

1

2

4

5

6

4 Die Oberfläche der Ganache mit Schokoladen-Kakaobutter-Lösung bestreichen. Die Lösung 2–3 Minuten fest werden lassen.

5 Die Ganache mit Backpapier abdecken und ein Backblech darauflegen. Beide Bleche zusammen anheben und vorsichtig umdrehen, sodass das untere Blech nun oben liegt.

6 Die Silikonmatte vorsichtig von der Ganache lösen. Diese je nach Rezept schneiden *(siehe linke Seite)*.

Schokoladen-Kakaobutter-Lösung

Für 3 Silikonmatten

60 g Kakaobutter, fein gehackt
120 g Edelbitter-Schokolade (70 % Kakaoanteil), fein gehackt

Kakaobutter und Schokolade in einer Schüssel im Wasserbad schmelzen und auf 45 °C erwärmen (mit einem Thermometer überprüfen). Leicht abkühlen lassen, dann die Silikonmatten damit bestreichen. Reste in einem luftdicht schließenden Behälter kühl und trocken lagern. So ist die Lösung einige Monate haltbar.

DUNKLE TRÜFFELN

Die Mischung aus zwei verschiedenen Schokoladen verleiht diesen Trüffeln ihren besonderen Geschmack.

Ergibt etwa 80 Trüffeln

1 Grundrezept Ganache *(siehe Seiten 22–23)*, zubereitet aus je 250 g Edelbitter-Schokolade mit 70 % und 65 % Kakaoanteil
500 g temperierte Edelbitter-Schokolade *(siehe Seiten 18–19)* zum Überziehen
Kakaopulver zum Wälzen

1 Ein Backblech mit Backpapier belegen. Die Ganache in einen Spritzbeutel mit 15 mm Lochtülle füllen und fingerbreite Streifen in Reihen auf das Blech spritzen. Die Streifen an einem kühlen, trockenen Ort offen über Nacht fest werden lassen.

2 Die Ganache-Streifen mit einem warmen Messer in 3,5 cm lange Stücke schneiden.

3 Die Ganache-Stücke nacheinander mit einer Pralinentunkgabel in die temperierte Schokolade tauchen, bis sie vollständig überzogen sind. Jeden Trüffel mithilfe einer Palette vorsichtig auf Backpapier setzen.

4 Das Kakaopulver in eine flache Schale streuen und die Trüffeln einzeln darin wälzen, bis sie rundum damit bedeckt sind. Überschüssiges Kakaopulver sanft abschütteln. An einem kühlen, trockenen Ort offen 2–3 Stunden fest werden lassen.

TRÜFFELN MIT MILCHSCHOKOLADE

Einfach, aber köstlich. Damit sich diese Trüffeln optisch von den dunklen Trüffeln unterscheiden, werden sie geschnitten, nicht gespritzt.

Ergibt etwa 80 Trüffeln

1 Rezept Schokoladen-Kakaobutter-Lösung *(siehe Seite 29)*
300 g Sahne
45 g Invertzucker *(siehe Seite 23)*
550 g Milchschokolade (32 % Kakaoanteil), fein gehackt
85 g weiche Butter, gewürfelt
500 g temperierte Edelbitter-Schokolade *(siehe Seiten 18–19)* zum Überziehen
Kakaopulver zum Wälzen

1 Eine Silikonmatte mit Rand auf ein Backblech stellen und mit Schokoladen-Kakaobutter-Lösung bestreichen.

2 Sahne und Invertzucker aufkochen. Vom Herd nehmen und auf 65–70 °C abkühlen lassen.

3 Die Schokolade in einer Schüssel im Wasserbad schmelzen und dabei auf 45 °C erwärmen.

4 Die abgekühlte Sahne langsam unter Rühren zur flüssigen Schokolade gießen und die Masse glatt rühren. Die Butterwürfel vollständig unterrühren. Dafür bei Bedarf einen Pürierstab verwenden.

5 Die fertige Ganache in die Silikonmatte gießen. An einem kühlen, trockenen Ort offen über Nacht fest werden lassen.

6 Die Oberfläche mit Schokoladen-Kakaobutter-Lösung bestreichen und 2–3 Minuten fest werden lassen. Mit einem warmen Messer in 2 cm große Quadrate schneiden.

7 Die Ganache-Würfel einzeln mit einer Pralinentunkgabel in die temperierte Schokolade tauchen, bis sie vollständig überzogen sind. Die Trüffeln mithilfe einer Palette vorsichtig auf Backpapier setzen.

8 Das Kakaopulver in eine flache Schale streuen und die Trüffeln einzeln darin wälzen, bis sie rundum damit bedeckt sind. Herausheben und überschüssiges Kakaopulver sanft abschütteln. An einem kühlen, trockenen Ort offen 2–3 Stunden fest werden lassen.

Rechts: Auswahl an Trüffeln (von links): **Dunkle Trüffeln**, **Yamazaki-Whisky-Trüffeln** *(siehe Seite 35)*, **Himbeertrüffeln** *(siehe Seite 38)* und **Trüffeln mit Milchschokolade**

TRÜFFELN MIT MATCHA & PISTAZIEN

Diese Trüffeln sehen toll aus und sind ein richtiger Hingucker in unserer Auslage. Ich bin ein großer Fan des einzigartigen Geschmacks von Matcha (zu feinem Pulver vermahlener Grüntee). Dazu empfehle ich aromatische Pistazienkerne aus Sizilien.

Trüffeln wälzen
Traditionell werden Trüffeln in Kakaopulver gewälzt. Zur Abwechslung und für einen modernen Touch wälzen wir unsere Trüffeln zum Beispiel in zerkrümeltem Dacquoise-Boden *(siehe Seiten 36–37)* oder auch in Kinako-Pulver (Sojabohnenmehl) mit Sesamsamen oder mit gemahlenen Hibiskusblüten. Das verleiht ihnen das gewisse Etwas.

Ergibt etwa 80 Trüffeln

390 g Sahne
50 g Invertzucker *(siehe Seite 23)*
10 g Matcha (Grüntee-Pulver)
290 g Milchschokolade (32 % Kakaoanteil), fein gehackt
190 g Edelbitter-Schokolade (63 % Kakaoanteil), fein gehackt
75 g Pistazienpaste *(siehe Seite 52)*
60 g weiche Butter, gewürfelt
500 g temperierte Edelbitter-Schokolade *(siehe Seiten 18–19)* zum Überziehen

Für die Matcha-Pistazien-Mischung:
8 g Matcha (Grüntee-Pulver)
250 g Pistazienkerne (3–4 Minuten im heißen Backofen getrocknet), fein gehackt

1 Ein Backblech mit Backpapier belegen.

2 Sahne und Invertzucker aufkochen. Vom Herd nehmen und auf 65–70 °C abkühlen lassen. Etwas Sahne in einer Schüssel mit dem Matcha-Pulver zu einer glatten Paste verrühren.

3 Die gehackte Schokolade in einer Schüssel im Wasserbad schmelzen und auf 45 °C erwärmen. Die Sahne langsam und gleichmäßig unterrühren. Dann nacheinander Pistazienpaste, Matcha-Paste und Butter unterheben. Alles glatt rühren, dafür bei Bedarf einen Pürierstab verwenden.

4 Die Ganache etwa 1 Stunde beiseitestellen und fest werden lassen.

5 Die Ganache in einen Spritzbeutel mit 12 mm Lochtülle füllen und mit etwas Abstand 2 cm große Kuppeln auf das Backblech spritzen. An einem kühlen, trockenen Ort offen 2–3 Stunden fest werden lassen.

6 Für die Matcha-Pistazien-Mischung Matcha-Pulver und Pistazienkerne in einer flachen Schale mischen.

7 Die Ganache-Kuppeln einzeln mit einer Pralinentunkgabel in die temperierte Schokolade tauchen, bis sie vollständig überzogen sind. Dann mithilfe einer Palette in die Matcha-Pistazien-Mischung legen und vorsichtig darin wälzen, bis sie rundum bedeckt sind. Herausheben und überschüssige Matcha-Pistazien-Mischung sanft abschütteln. Die Trüffeln auf Backpapier setzen und offen 2–3 Stunden fest werden lassen.

YAMAZAKI-WHISKY-TRÜFFELN MIT DACQUOISE-HÜLLE

Eine köstliche Kombination schottischer und japanischer Elemente. Das Aroma des Whiskys aus der Brennerei Yamazaki erinnert an Vanille und reifes Obst und passt hervorragend zur dunklen Schokolade.

Ergibt etwa 80 Trüffeln

1 Grundrezept Ganache *(siehe Seiten 22–23)*
100 ml Yamazaki Single Malt Whisky
½ Rezept Nuss-Dacquoise *(siehe Seiten 36–37)*
500 g temperierte Edelbitter-Schokolade *(siehe Seiten 18–19)* zum Überziehen

1 Die Ganache nach Grundrezept zubereiten *(siehe Seiten 22–23)*. Bei Schritt 4 den Whisky unterrühren. Ein Backblech mit Backpapier belegen.

2 Die Whisky-Ganache in einen Spritzbeutel mit 12 mm Lochtülle füllen. Mit etwas Abstand 2 cm große Kuppeln auf das Backblech spritzen. An einem kühlen, trockenen Ort offen 2–3 Stunden fest werden lassen.

3 Den Backofen auf 180 °C vorheizen. Ein zweites Backblech mit Backpapier belegen. Die Dacquoise in kleine Stücke brechen und auf das Blech legen. Im Backofen 6–8 Minuten rösten, dann abkühlen lassen. Im Mixer zu feinen Krümeln mahlen. Die Krümel in eine flache Schüssel streuen.

4 Die Ganache-Kuppeln einzeln mit einer Pralinentunkgabel in die temperierte Schokolade tauchen, bis sie vollständig überzogen sind. Vorsichtig mithilfe einer Palette in die Dacquoise-Krümel legen und darin wälzen, bis sie rundum bedeckt sind. Überschüssige Krümel sanft abschütteln. Auf Backpapier setzen und offen 2–3 Stunden fest werden lassen.

NUSS-DACQUOISE

Diese Mischung aus Baiser und Biskuit ist mit Nüssen angereichert. In der französischen Küche ist sie oft Boden von Entremets (Süßspeisen, die nach dem Käse serviert werden). Sie macht sich aber auch als knusprige Umhüllung sehr gut.

Als Hülle für etwa 80 Trüffeln

65 g blanchierte Mandeln, gehackt
65 g blanchierte Haselnusskerne, gehackt
65 g gemahlene Mandeln
65 g gemahlene Haselnusskerne

125 g Puderzucker, gesiebt
20 g Speisestärke, gesiebt
140 g Eiweiß (von 4–5 Eiern)
40 g feiner Zucker

4

5

1 Den Backofen auf 200 °C vorheizen. Zwei Backbleche mit Backpapier belegen. Die gehackten Mandeln und Haselnusskerne auf einem Blech verteilen. Die gemahlenen Mandeln und Haselnusskerne auf dem zweiten Blech ausbreiten. Alles im Ofen 5–6 Minuten leicht rösten. Herausnehmen und abkühlen lassen. Die Ofentemperatur auf 180 °C reduzieren. Erneut ein Backblech mit Backpapier belegen.

2 Puderzucker, Speisestärke und die geröstete, gemahlene Nuss-Mandel-Mischung in einer Schüssel mischen.

3 Die Eiweiße in einer zweiten großen Schüssel leicht schaumig schlagen. Den Zucker langsam einrieseln lassen. Weiterschlagen, bis der Eischnee sehr steif ist und glänzt.

4 Die Puderzucker-Nuss-Mischung behutsam unter den Eischnee heben.

5 Die Hälfte der gerösteten Nuss-Mandel-Stückchen unterheben.

Tipps zur Lagerung:
Sobald die Dacquoise abgekühlt ist, muss das Backpapier gelöst werden *(siehe Schritt 8)*. Die Dacquoise sollte sobald wie möglich verwendet werden. In Frischhaltefolie verpackt kann sie bis zur Verwendung tiefgekühlt werden. Zur Not hält sie sich luftdicht verpackt aber auch wenige Tage.

6

7

8

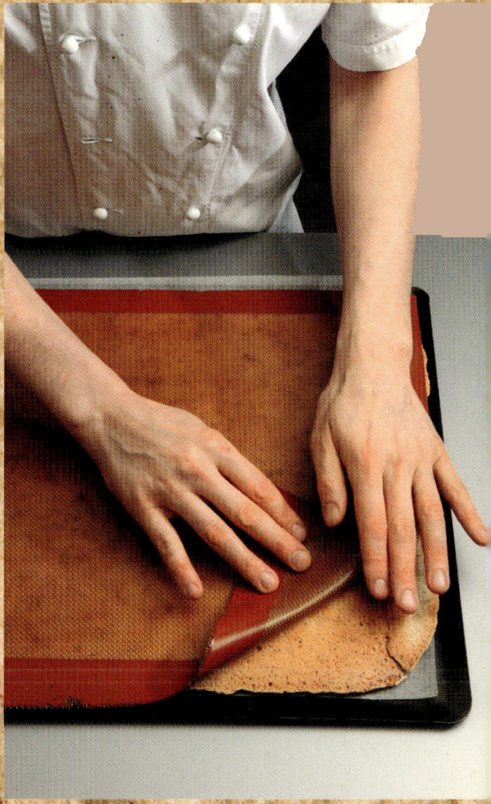

6 Die restlichen gerösteten Nuss-Mandel-Stückchen auf das vorbereitete Backblech streuen und die Baisermasse daraufgeben.

7 Die Baisermasse mit einer Winkelpalette gleichmäßig verstreichen. Im heißen Backofen 18–20 Minuten backen. (Sollen später Trüffeln in der Dacquoise gewälzt werden, diese 5 Minuten länger backen.)

8 Die Dacquoise etwas abkühlen lassen. Dann mit einem Bogen Backpapier abdecken und ein Backblech darauflegen. Beide Bleche zusammen fassen und umdrehen, sodass das untere Blech oben liegt. Dieses Blech abheben und das Backpapier vorsichtig abziehen.

9 Die Dacquoise für Trüffel in kleine Stücke brechen und im Mixer fein zerkrümeln. Luftdicht verpackt aufbewahren.

HIMBEER

Ergibt etwa 80 Trüffeln

400 g Himbeerpüree (Fertigprodukt ODER *siehe* Johannisbeerpüree *Seite 124)*
60 g Invertzucker *(siehe Seite 23)*
500 g Edelbitter-Schokolade (63 % Kakaoanteil), fein gehackt
500 g Edelbitter-Schokolade (66 % Kakaoanteil), fein gehackt
85 g weiche Butter, gewürfelt
500 g temperierte Edelbitter-Schokolade *(siehe Seiten 18–19)* zum Überziehen
Kakaopulver zum Wälzen

1 Ein Backblech mit Backpapier belegen. Himbeerpüree und Invertzucker aufkochen. Vom Herd nehmen und auf 65–70 °C abkühlen lassen.

2 Die gehackte Schokolade in einer Schüssel im Wasserbad schmelzen und auf 45 °C erwärmen. Das abgekühlte Himbeerpüree langsam und vollständig unterrühren. Die Butterwürfel zugeben und alles zu einer glatten Masse verrühren. Dafür bei Bedarf einen Pürierstab verwenden. Die Ganache etwa 1 Stunde fest werden lassen.

3 Die Ganache in einen Spritzbeutel mit 12 mm Lochtülle füllen. Mit etwas Abstand 2 cm große Kuppeln auf das Backblech spritzen. An einem kühlen, trockenen Ort offen 2–3 Stunden fest werden lassen.

4 Die Ganache-Kuppeln einzeln mit einer Pralinentunkgabel in die temperierte Schokolade tauchen, bis sie vollständig überzogen sind. Das Kakaopulver in eine flache Schale streuen und die Trüffeln darin wälzen, bis sie rundum bedeckt sind. Überschüssiges Kakaopulver sanft abschütteln. Die Trüffeln auf Backpapier setzen und offen 2–3 Stunden fest werden lassen.

JAPANISCHER SAKE & KINAKO

Der japanische Sake Kubota Senju ist trocken, fruchtig und sehr köstlich.

Ergibt etwa 80 Trüffeln

1 Grundrezept Ganache *(siehe Seiten 22–23)*
100 ml Kubota Senju (japanischer Sake)
250 g Kinako-Pulver (Sojabohnenmehl, *Bezgusquellen siehe Seite 224)*
50 g schwarze Sesamsamen
500 g temperierte Edelbitter-Schokolade *(siehe Seiten 18–19)* zum Überziehen

1 Die Ganache nach Grundrezept zubereiten *(siehe Seiten 22–23)*. Bei Schritt 4 den Sake unterrühren. Ein Backblech mit Backpapier belegen.

2 Die Sake-Ganache in einen Spritzbeutel mit 12 mm Lochtülle füllen. Mit etwas Abstand 2 cm große Kuppeln auf das Backblech spritzen. An einem kühlen, trockenen Ort offen 2–3 Stunden fest werden lassen.

3 Kinako-Pulver und Sesamsamen in einer flachen Schale mischen. Die Ganache-Kuppeln einzeln mit einer Pralinentunkgabel in die temperierte Schokolade tauchen, bis sie vollständig überzogen sind. Mithilfe einer Palette in die Kinako-Sesam-Mischung legen und darin wälzen, bis sie rundum bedeckt sind. Überschüssiges Pulver sanft abschütteln. Die Trüffeln an einem kühlen, trockenen Ort offen 2–3 Stunden fest werden lassen.

Variante: Champagner

Die Trüffeln wie beschrieben zubereiten. Dabei den Sake jedoch durch 175 ml Champagner ersetzen und die Trüffeln statt in Kinako-Sesam-Mischung in Süßem Schnee *(siehe Seite 218)* wälzen.

CASSIS & HIBISKUS

Die von Suzue kreierten Trüffeln gehören zu unseren Verkaufsschlagern.

Ergibt etwa 80 Trüffeln

360 g Johannisbeerpüree *(siehe Seite 124)*
70 g Invertzucker *(siehe Seite 23)*
300 g Edelbitter-Schokolade (70 % Kakaoanteil), gehackt
300 g Milchschokolade (35 % Kakaoanteil), fein gehackt
100 g weiche Butter, gewürfelt
250 g Süßer Schnee *(siehe Seite 218)*
125 g gemahlene Hibiskusblüten *(Bezugsquellen siehe Seite 224)*
500 g temperierte Edelbitter-Schokolade *(siehe Seiten 18–19)* zum Überziehen

1 Ein Backblech mit Backpapier belegen. Johannisbeerpüree und Invertzucker aufkochen. Vom Herd nehmen und auf 65–70 °C abkühlen lassen.

2 Die gehackte Schokolade in einer Schüssel im Wasserbad schmelzen und auf 45 °C erwärmen. Das abgekühlte Johannisbeerpüree langsam und vollständig unterrühren. Die Butter zugeben und alles zu einer glatten Masse verrühren. Dafür bei Bedarf einen Pürierstab verwenden. Die Ganache etwa 1 Stunde fest werden lassen. Dann in einen Spritzbeutel mit 15 mm Lochtülle füllen. Mit etwas Abstand fingerbreite Streifen auf das Backblech spritzen. Diese an einem kühlen, trockenen Ort offen 2–3 Stunden fest werden lassen. Die Streifen mit einem warmen Messer in etwa 3,5 cm lange Stücke schneiden.

3 Süßen Schnee und gemahlene Hibiskusblüten mischen. Die Trüffeln einzeln mit der Pralinentunkgabel in die temperierte Schokolade tauchen, bis sie vollständig überzogen sind. In der Hibiskusblütenmischung wälzen und 2–3 Stunden fest werden lassen.

Champagner

Cassis & Hibiskus

Himbeer

Japanischer Sake & Kinako

MARONE & KROKANT

Wir überziehen nur wenige Trüffelsorten so wie diese. Das Rezept zeigt auch, wie man die Konsistenz von Trüffeln durch den Überzug variieren kann.

Maronenpüree

250 g Maronen (vakuumverpackt)
250 ml Milch
½ Vanilleschote, längs aufgeschlitzt

Maronen und Milch mischen. Mark aus der Vanilleschote schaben. Mark und Schote zur Milch geben. Aufkochen und 4–5 Minuten köcheln lassen. Vanilleschote entfernen und Maronenmilch abkühlen lassen. Mit einem Pürierstab zu einer glatten Masse aufschlagen. Im Kühlschrank aufbewahren.

Ergibt etwa 80 Trüffeln

330 g Sahne
30 g Invertzucker *(siehe Seite 23)*
125 g Maronenpüree *(siehe Kasten links)*
380 g Edelbitter-Schokolade (65 % Kakaoanteil), fein gehackt
125 g Milchschokolade (32 % Kakaoanteil), fein gehackt
225 g Nugatcreme *(siehe Seite 158)*
50 g weiche Butter, gewürfelt
100 g Mandelsplitter, geröstet
500 g temperierte Edelbitter-Schokolade *(siehe Seiten 18–19)* zum Überziehen

1 Ein Backblech mit Backpapier belegen.

2 Sahne und Invertzucker aufkochen. Vom Herd nehmen und das Maronenpüree unterrühren. Die Masse auf 65–70 °C abkühlen lassen.

3 Die gehackte Schokolade in einer Schüssel im Wasserbad schmelzen und auf 45 °C erwärmen. Die abgekühlte Maronensahne langsam und vollständig unterrühren. Die Nugatcreme einrühren. Die Butterwürfel zugeben und alles zu einer glatten Masse verarbeiten. Die Ganache etwa 1 Stunde fest werden lassen.

4 Die Ganache in einen Spritzbeutel mit 12 mm Lochtülle füllen. Mit etwas Abstand etwa 2 cm große Kuppeln auf das Backblech spritzen. An einem kühlen, trockenen Ort offen 2–3 Stunden fest werden lassen.

5 Die Mandelsplitter unter die temperierte Schokolade heben. Die Ganache-Kuppeln mit einer Pralinentunkgabel hineintauchen, bis sie vollständig mit Schokolade überzogen sind. Die Trüffel mithilfe einer Palette vorsichtig auf Backpapier setzen. An einem kühlen, trockenen Ort etwa 1 Stunde fest werden lassen.

PRALINEN

PRALINEN

Unsere Pralinen repräsentieren die Philosophie unseres Betriebs. Sie sind handgemacht, pur und frisch. Wie alle unsere Produkte enthalten sie keinerlei künstliche Konservierungsstoffe. Daher sind sie nur begrenzt haltbar, dafür aber stets von bester Qualität.

Zum Aromatisieren verwenden wir weder Öle noch Essenzen. Wir aromatisieren unsere Ganache, indem wir die jeweilige geschmacksgebende Zutat in der aufgekochten Sahne ziehen lassen. So kann die Schokolade ihr volles Aroma und ihren optimalen Geschmack entfalten – ohne unnötige Zusatzstoffe.

Mit unseren Pralinen wollen wir an die hochwertige und luxuriöse Maßanfertigung der »Haute Couture« erinnern. Gleichermaßen soll der Genuss unserer Pralinen eine außergewöhnliche und sinnliche Erfahrung sein.

Zum Einstieg zeigen wir einige notwendige Techniken. Damit gelingen die Pralinen mühelos.

Von oben links (im Uhrzeigersinn): **Piemont-Haselnuss, Sichuanpfeffer, Chauo, Pistazien & Toscano, Wacholderbeere & Schwarze Johannisbeere, Himbeere & Toscano** und **Maracuja & Mango**

Pralinen mit aromatisierter Ganache zubereiten

1 Eine Silikonform mit Schokoladen-Kakaobutter-Lösung ausstreichen *(siehe Seite 29)*.

2 Die aromatisierte Ganache *(siehe Seiten 48–51)* in die Form gießen und glatt streichen. An einem kühlen, trockenen Ort über Nacht fest werden lassen.

3 Die Oberfläche der Ganache mit Kakaobutter-Lösung bestreichen und 2–3 Minuten fest werden lassen.

4 Mit Backpapier abdecken und ein Backblech darauflegen. Mit einer Hand unter die Silikonform greifen, mit der anderen das Blech oben fixieren. Alles umdrehen, sodass das Blech nun unten liegt.

5 Die Form vorsichtig von der Ganache lösen.

6 Die Ganache markieren und schneiden *(siehe Seite 28)*.

7 Die Pralinen mit einer Pralinentunkgabel in temperierte Schokolade tauchen. Die Gabel leicht auf den Schüsselrand klopfen und so überschüssige Schokolade entfernen. Die Pralinen auf Backpapier setzen und nach Wunsch dekorieren.

1

2

3

4

5

6

7

Silikonformen
Unsere Rezepte ergeben jeweils etwa 80 Pralinen. Ideal für die Zubereitung sind Silikonformen mit einer Größe von 25,5 × 30 cm und einer Tiefe von mindestens 1,5 cm.

Schichtpralinen zubereiten

1 Eine Silikonform mit Schokoladen-Kakaobutter-Lösung ausstreichen *(siehe Seite 29)*.

2 Die gewünschte Masse zubereiten *(siehe* Feuillantine, *Seiten 54–55* oder Pistazien-Marzipan, *Seiten 52–53)*. In die vorbereitete Form füllen und glatt streichen.

3 ½ Grundrezept für Ganache zubereiten *(siehe Seiten 22–23)* und auf die Schicht in der Form gießen. Die Oberfläche glatt streichen und an einem kühlen, trockenen Ort über Nacht fest werden lassen.

4 Die Oberfläche der Ganache mit Schokoladen-Kakaobutter-Lösung bestreichen und 2–3 Minuten fest werden lassen.

1

2

3

4

5 Mit Backpapier abdecken und ein Backblech darauflegen.

6 Mit einer Hand unter die Silikonform greifen, mit der anderen das Blech oben fixieren. Alles umdrehen, sodass das Blech nun unten liegt. Die Silikonform vorsichtig von der Ganache lösen.

7 Die Ganache markieren und schneiden *(siehe Seite 28)*.

8 Die Pralinen einzeln mit einer Pralinentunkgabel in temperierte Schokolade tauchen, bis sie vollständig überzogen sind. Die Gabel leicht auf den Schüsselrand klopfen und so überschüssige Schokolade entfernen. Die Pralinen behutsam auf Backpapier setzen und nach Wunsch dekorieren *(siehe Seiten 58–61)*.

5

6

7

8

Pralinen mit Gelee-Schicht zubereiten

1 Die gewünschte Gelee-Schicht zubereiten *(siehe* Pâté de Fruits, *Seiten 56–57 oder Varianten Seite 74)*. In eine Silikonform füllen und glatt streichen. An einem kühlen, trockenen Ort über Nacht fest werden lassen.

2 ½ Grundrezept für Ganache zubereiten *(siehe Seiten 22–23)* und auf die feste Gelee-Schicht in der Form gießen. Glatt streichen und an einem kühlen, trockenen Ort über Nacht fest werden lassen.

3 Die Oberfläche der Ganache mit Schokoladen-Kakaobutter-Lösung bestreichen und 2–3 Minuten fest werden lassen.

4 Mit Backpapier abdecken und ein Backblech darauflegen. Mit einer Hand unter die Silikonform greifen, mit der anderen das Blech oben fixieren. Alles umdrehen, sodass das Blech nun unten liegt.

1

2

3

4

5 Die Silikonform vorsichtig von der Ganache lösen. Die Gelee-Schicht ist nun oben.

6 Die Gelee-Schicht mit Schokoladen-Kakaobutter-Lösung bestreichen und 2–3 Minuten fest werden lassen.

7 Die Ganache markieren und schneiden *(siehe Seite 28)*.

8 Die Pralinen einzeln mit einer Pralinentunkgabel in temperierte Schokolade tauchen, bis sie vollständig überzogen sind. Die Gabel leicht auf den Schüsselrand klopfen und so überschüssige Schokolade entfernen. Die Pralinen behutsam auf Backpapier setzen und nach Wunsch dekorieren *(siehe Seiten 58–61)*.

5

6

7

8

GANACHE AROMATISIEREN

Ganache mit Estragon & Senf

Die Kombination scheint abenteuerlich. Aber die Anisnote der Schokolade passt gut zum holzigen Aroma des Estragons. Der Senf gibt ihr Wärme (siehe auch Seite 70).

Natürlich aromatisieren

Pralinen aus Massenproduktion sind sehr lange haltbar, da ihnen Zusatzstoffe und Geschmacksverstärker zugesetzt wurden. Wir jedoch möchten unsere Pralinen so pur wie möglich belassen. Für unsere Pfefferminz-Pralinen zum Beispiel lassen wir frische Pfefferminze in Sahne ziehen. Damit aromatisieren wir dann die Ganache, anstatt irgendeine Essenz oder Öl hinzuzufügen.

Ganache lässt sich gut mit frischen Kräutern wie Rosmarin, Estragon, Shiso (Blätter der Sesampflanze) und Zitronenthymian aromatisieren. Dafür lässt man die Blätter in der heißen Sahne ziehen *(siehe rechts)*. Die Kräuter werden abgeseiht, wenn die Sahne den Geschmack angenommen hat. Ebenso kann man Sahne mit Gewürzen wie Sichuanpfeffer, Zitronengras oder Ingwer aromatisieren. Allerdings müssen sie etwas länger darin ziehen. Andere Gewürze wie gerösteter Sesam, schwarzer japanischer Essig oder Honig rührt man dagegen direkt in die Ganache.

Ergibt etwa 80 Pralinen

400 g Sahne
20 g frische Estragonblätter
60 g Invertzucker *(siehe Seite 23)*
4,5 g Senfpulver

450 g Edelbitter-Schokolade (66 % Kakaoanteil), fein gehackt
70 g weiche Butter, gewürfelt

1

2

1 Die Sahne aufkochen und den Estragon einstreuen.

2 Vom Herd nehmen und mit Frischhaltefolie abdecken. Die Sahne 2 Stunden abkühlen und ziehen lassen.

3 Die aromatisierte Sahne durch ein Sieb abgießen, sodass der Estragon im Sieb zurückbleibt.

4 Den Estragon mit einer Schöpfkelle vorsichtig im Sieb ausdrücken, damit er möglichst viel Geschmack an die Sahne abgibt.

3

4

Ganache mit Estragon & Senf

(Fortsetzung von Seite 48)

Zucker, Salz & Butter
Zucker, Salz und Butter besitzen allgemeinhin einen schlechten Ruf. Sicher, ein übermäßiger Verzehr dieser Zutaten ist nicht gut für den Körper. In der Patisserie aber sind sie sehr wichtige natürliche Zutaten. Hier dienen sie nicht nur als Geschmacksträger, sondern das Gelingen vieler Rezepte hängt von diesen drei Zutaten ab.

5

6

7

5 Die aromatisierte Sahne zurück in den Topf gießen. Den Invertzucker hinzufügen und alles aufkochen. Vom Herd nehmen. Das Senfpulver in einer kleinen Schüssel mit etwas heißer Sahne glatt rühren.

6 Die Senfpaste dann unter die restliche heiße Sahne rühren.

7 Die aromatisierte Sahne im Topf auf 65–70 °C abkühlen lassen.

8 Die Schokolade in einer Schüssel im Wasserbad und auf etwa 45 °C erwärmen. Die abgekühlte Sahne langsam und vollständig unterrühren. Die Butter hinzufügen und gut unterrühren. Die Ganache etwa 1 Stunde in der Schüssel abkühlen lassen. Alternativ in eine Silikonform gießen und nach dem Abkühlen in Würfel schneiden *(siehe Seite 28)*.

8

PISTAZIEN-MARZIPAN-SCHICHT

Die Kombination verschiedener Geschmacksrichtungen macht mir stets große Freude. Dass Marzipan und Schokolade gut zusammenpassen, ist kein Geheimnis. Die Verbindung von nussigem Marzipan mit aromatischen sizilianischen Pistazien und fruchtiger Ganache ist wirklich sehr gelungen.

Pistazien-Marzipan

Ergibt etwa 80 Pralinen

1 Rezept Schokoladen-Kakaobutter-Lösung *(siehe Seite 29)*
425 g Marzipan
50 g Pistazienkerne, grob gehackt
Puderzucker zum Arbeiten
½ Grundrezept Ganache *(siehe Seiten 22–23)*

Für die Pistazienpaste:
100 g Pistazienkerne
15 ml Pistazienöl (oder anderes geschmacksneutrales Nussöl)

1 Eine Silikonform mit einer dünnen Schicht Schokoladen-Kakaobutter-Lösung ausstreichen. Für die Pistazienpaste Pistazienkerne und -öl in einem Mixer (wenn möglich ein Thermomix, *siehe Seite 224*) zu einer glatten Creme pürieren.

2 Eine Vertiefung in die Marzipanmasse drücken. Die Pistazienpaste hineinlegen und das Marzipan darüber zusammenklappen. Alles verkneten, bis die Paste gleichmäßig im Marzipan verteilt ist.

3 Die gehackten Pistazienkerne auf die Marzipanmasse streuen.

4 Alles verkneten, bis die Pistazien gleichmäßig im Marzipan verteilt sind. Die Masse zu einer dicken Rolle formen. Dann auf einer leicht mit Puderzucker bestäubten Arbeitsfläche 6 mm dick ausrollen.

5 Die Marzipanplatte mit dem Rollholz in die Silikonform heben. Sauber an Ränder und Ecken anpassen.

6 Die Ganache daraufgießen und fest werden lassen. Fortfahren wie auf Seite 46 (Schichtpralinen) in den Schritten 4–8 beschrieben.

FEUILLANTINE-BODEN

Die knusprigen Gebäckstückchen der Feuillantine werden mit Nugatcreme, Piemont-Haselnüssen und Milchschokolade vermischt. Diese Masse verleiht den Pralinen einen fantastischen Geschmack. Doch darf sie nicht zu stark bearbeitet werden, sonst leidet die Konsistenz. Mandeln oder Walnüsse sind eine hervorragende Alternative zu den Haselnüssen.

Ergibt etwa 80 Pralinen

1 Rezept Schokoladen-Kakaobutter-Lösung *(siehe Seite 29)*
130 g Milchschokolade (35 % Kakaoanteil), fein gehackt
75 g Gianduja *(siehe Seite 218)*, fein gehackt
140 g Nugatcreme *(siehe Seiten 158–159)*
25 g weiche, gesalzene Butter (möglichst mit Meersalz), gewürfelt
90 g Piemont-Haselnusskerne, gehackt
115 g Feuillantine *(siehe Seiten 218 und 224 oder Cornflakes)*

2

3

4

1 Eine Silikonform gleichmäßig mit Schokoladen-Kakaobutter-Lösung ausstreichen.

2 Milchschokolade und Gianduja zusammen in einer Schüssel im Wasserbad schmelzen und auf etwa 45 °C erwärmen. Die Nugatcreme unterheben.

3 Auf 37–38 °C abkühlen lassen. Die Butterwürfel vollständig unterrühren. Bei Bedarf einen Pürierstab verwenden.

4 Die gehackten Haselnusskerne gleichmäßig unterheben.

5 Die Feuillantine unterziehen.

6 Die Masse in die Silikonform füllen. Vorsichtig und gleichmäßig mit einer Winkelpalette verstreichen.

7 Fortfahren wie auf Seite 46 (Schichtpralinen) in den Schritten 3 bis 8 beschrieben.

5

6

PÂTÉ DE FRUITS

Die Region Auvergne im Südwesten Frankreichs ist berühmt für ihre dort seit dem 17. Jahrhundert produzierten Fruchtgeleepralinen »Pâté de fruits«. In einigen unserer Pralinen verwenden wir ein Grundrezept für Pâté de fruits als Begleitung für die Ganache. Die frische, leicht säuerliche Fruchtgeleeschicht passt hervorragend zur samtigen Ganache.

Hier das Rezept für eine auf Himbeeren basierende Pâté de fruits. Aber experimentieren Sie ruhig selbst und ersetzen Sie die Himbeeren durch andere Obst- oder Beerensorten. Vorschläge finden Sie auf Seite 74.

Ergibt etwa 80 Pralinen

280 g Himbeerpüree *(Fertigprodukt ODER siehe* Johannisbeerpüree *Seite 124)*
50 g Himbeeren
225 g Zucker
95 g Glukosesirup
10 g gelbes Pektinpulver
2,5 ml Zitronensaft

2

3

1 Himbeerpüree, Himbeeren, 150 g Zucker und Glukosesirup in einem Topf aufkochen.

2 Den restlichen Zucker mit dem Pektin vermischen. In die kochende Himbeermischung rühren.

3 Bei schwacher Hitze unter Rühren weiterköcheln lassen, bis die Mischung eine Temperatur von 103 °C erreicht. Den Zitronensaft zufügen.

4 Die Himbeermischung in eine Silikonform gießen. An einem kühlen, trockenen Ort über Nacht gelieren und fest werden lassen.

5 Fortfahren wie auf Seite 47 (Pralinen mit Gelee-Schicht) in den Schritten 3 bis 8 beschrieben.

Tipp: Pâté de fruits können Sie auch als Gelee-Konfekt genießen. Dafür die gelierte Pâté de fruits in Würfel schneiden und in weißem Zucker wenden.

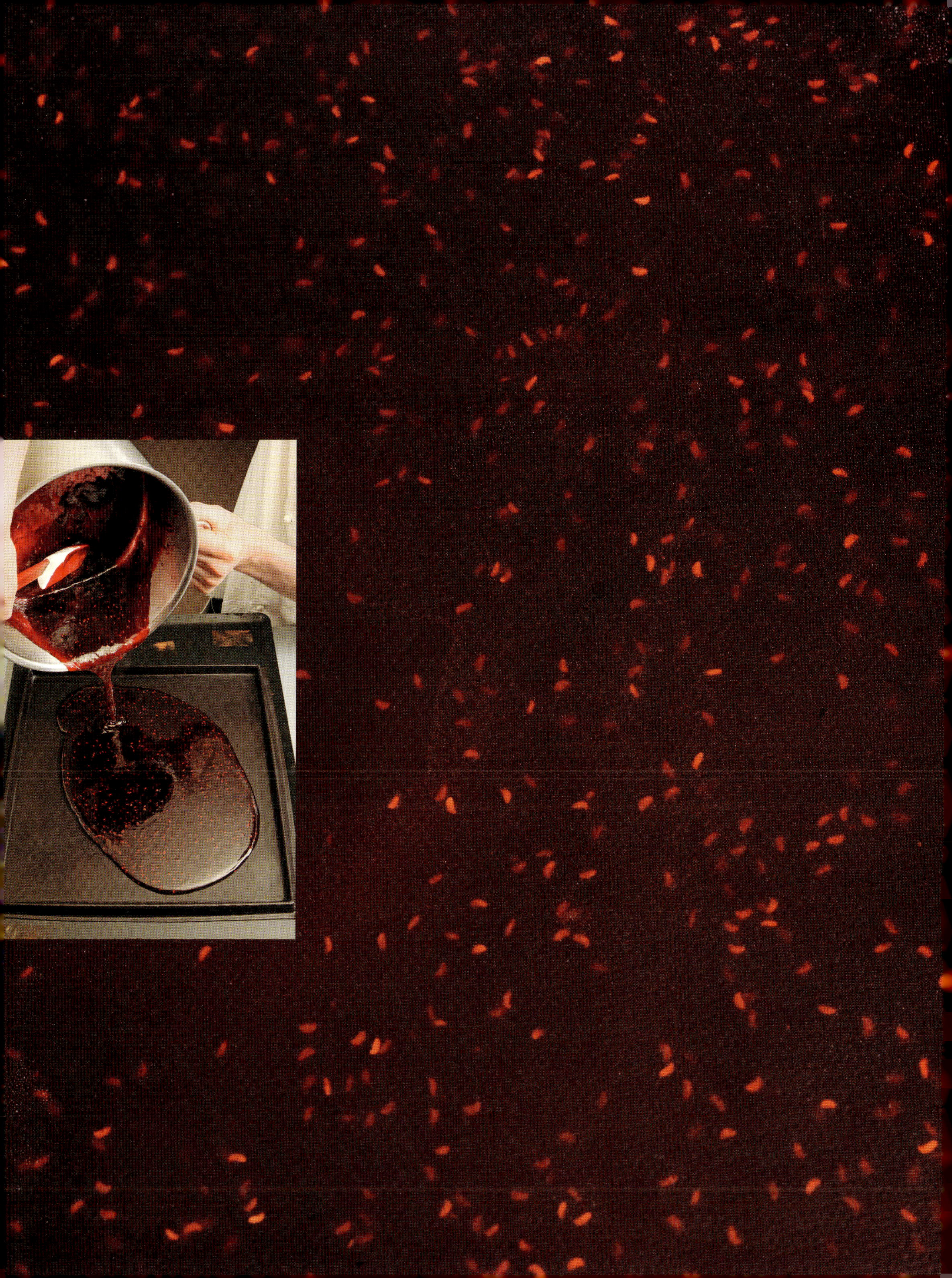

DEKORATIONEN

Wir dekorieren unsere Pralinen, um die einzelnen Sorten auseinanderhalten zu können und um ihnen eine individuelle Note zu verleihen. Für diesen Produktionsschritt lassen wir uns viel Zeit und verzieren jede einzelne Praline liebevoll von Hand.

1 Die fertigen Ganache-Würfel einzeln mit einer Pralinentunkgabel in temperierte Schokolade tauchen, bis sie vollständig überzogen sind.

2 Den Griff der Gabel leicht auf den Schüsselrand klopfen, damit überflüssige Schokolade von der Praline abtropfen kann.

1

Jeweils von links nach rechts. Obere Reihe: Basilikum mit Meersalz, Matcha (Grüntee-Pulver), Grüner Tee, gemahlener Kardamom. *Mittlere Reihe:* getrockneter Ingwer, getrocknete Yuzu (japanische Zitrusfrucht), Kakaobruch, Sesamsamen. *Untere Reihe:* Houji Cha (geräucherte Teeblätter), gemahlene Hibiskusblüten, Brombeerpulver mit Meersalz, Senfsamen

3

2

3 Die einzelnen Pralinen mit der gewünschten Dekoration bestreuen …

4 … oder die Dekoration vorsichtig darauflegen.

5 Die Pralinen an einem kühlen, trockenen Ort mindestens 2 Stunden trocknen lassen.

4

Von oben nach unten: Lavendel, Rosmarin und Meersalz, Thai-Basilikum, Pistazien, Blattgold

DEKORATIONEN IN PRALINEN PRÄGEN

Eine einfache, aber effektive Möglichkeit, um Pralinen eine aparte Textur zu geben.

1 Die fertigen Ganache-Würfel einzeln mit einer Pralinentunkgabel in temperierte Schokolade tauchen, bis sie vollständig überzogen sind.

2 Den Griff der Gabel leicht auf den Schüsselrand klopfen, damit überflüssige Schokolade von der Praline abtropfen kann. Fest werden lassen.

3 Vorsichtig mit einem sauberen, trockenen Messer oder mit einem anderen Hilfsmittel ein Muster in die Schokolade drücken.

4 Die Pralinen an einem kühlen, trockenen Ort mindestens 2 Stunden trocknen lassen.

Der Überzug
Pralinen werden mit Schokolade überzogen, damit die Füllung nicht austrocknet. Die dünne, knackige Schokoschicht bildet einen angenehmen Kontrast zur samtig-weichen Ganache. Wählen Sie für den Überzug eine ausgeglichene Schokoladenmischung, die nicht zu dominant ist. Sonst geht der Geschmack der Füllung leicht unter. Wir verwenden dafür die Amedei-Mischungen 63 und 65, die nicht übermäßig sauer oder bitter sind. Kosten Sie verschiedene Schokoladenmischungen und entscheiden Sie dann, welche Ihnen zusagt.

2

3

DEKORIEREN MIT STRUKTURFOLIEN

Strukturfolien aus Azetat verleihen Pralinen eine glänzende Oberfläche.

1 Die fertigen Ganache-Würfel einzeln mit einer Pralinentunkgabel in temperierte Schokolade tauchen, bis sie vollständig überzogen sind.

2 Den Griff der Gabel leicht auf den Schüsselrand klopfen, damit überflüssige Schokolade abtropfen kann. Die Würfel auf Backpapier setzen und kurz antrocknen lassen.

3 Die Pralinen umgekehrt auf eine Strukturfolie setzen, damit die Oberfläche das jeweilige Muster annimmt. An einem kühlen, trockenen Ort mindestens 2 Stunden fest werden lassen.

Tipp: Wenn Sie keine Strukturfolie bekommen *(Bezugsquellen siehe Seite 224)*, verwenden Sie einfach andere gut gesäuberte Plastikmaterialien mit Muster.

3

Schokoladen-Tipps

- Temperierte Schokolade haftet besser auf den Pralinen, wenn man die Ganache vor dem Überziehen über Nacht trocknen lässt.
- Die ideale Temperatur für die Pralinenherstellung in der heimischen Küche liegt bei 24 °C. Kühlere Temperaturen erschweren das Dekorieren, da die Schokolade dann sehr schnell fest wird.
- Oft muss Schokolade an einem kühlen, trockenen Ort über Nacht fest werden. Die ideale Temperatur beträgt hier 12–15 °C.

Pralinenrezepte

Von oben nach unten:

Pralinen mit Nüssen und Samen

Piemont-Haselnuss

Chuao

Kaffee & Walnuss

Gerösteter Sesam

Pistazien & Toscano

PRALINEN MIT NÜSSEN & SAMEN

Piemont-Haselnuss

Für diese Pralinen verwenden wir die besten aller Haselnüsse. Sie kommen aus der italienischen Region Piemont.

Ergibt etwa 80 Pralinen

1 Rezept Schokoladen-Kakaobutter-Lösung *(siehe Seite 29)*
1 Rezept Feuillantine-Boden *(siehe Seiten 54–55)*
500 g temperierte Edelbitter-Schokolade *(siehe Seiten 18–19)* zum Überziehen

Für die Gianduja-Ganache:
160 g Sahne
¼ Vanilleschote, längs aufgeschlitzt
20 g Invertzucker *(siehe Seite 23)*
115 g Gianduja *(siehe Seite 218)*
115 g Edelbitter-Schokolade (65 % Kakaoanteil), gehackt
25 g weiche Butter, gewürfelt

1 Eine Silikonform mit Schokoladen-Kakaobutter-Lösung bestreichen. Den Feuillantine-Boden zubereiten und die Form damit auslegen *(siehe Seiten 54–55)*.

2 Für die Ganache die Sahne in einen Topf gießen. Das Mark aus der Vanilleschote schaben. Mark und Schote zur Sahne geben. Die Sahne aufkochen. Dann vom Herd nehmen, mit Frischhaltefolie abdecken und 1 Stunde ziehen lassen. Die Vanilleschote entfernen. Die aromatisierte Sahne mit dem Invertzucker erneut aufkochen. Vom Herd nehmen und auf 65–70 °C abkühlen lassen.

3 Gianduja und Schokolade in einer Schüssel im Wasserbad schmelzen und auf 45 °C erwärmen. Die abgekühlte Sahne langsam und vollständig unterrühren. Die Butter einrühren, bei Bedarf einen Pürierstab verwenden.

4 Die Ganache auf dem Feuillantine-Boden verteilen und glatt streichen. An einem kühlen, trockenen Ort über Nacht fest werden lassen.

5 Die Ganache dünn mit Schokoladen-Kakaobutter-Lösung bestreichen. Fortfahren wie auf Seite 46 (Schichtpralinen) in den Schritten 5–8 beschrieben.

6 Zur Dekoration mit dem breiten Ende einer Lochtülle Kreise in den Schokoladenüberzug prägen. Die Pralinen an einem kühlen, trockenen Ort etwa 2 Stunden fest werden lassen.

Pistazien & Toscano

Pistazien ergänzen die dunkle, leicht herbe Schokolade perfekt.

Ergibt etwa 80 Pralinen

1 Rezept Schokoladen-Kakaobutter-Lösung *(siehe Seite 29)*
1 Rezept Pistazien-Marzipan *(siehe Seiten 52–53)*
240 g Sahne
30 g Invertzucker *(siehe Seite 23)*
275 g Edelbitter-Schokolade (70 % Kakaoanteil), fein gehackt
40 g weiche Butter, gewürfelt
500 g temperierte Edelbitter-Schokolade *(siehe Seiten 18–19)* zum Überziehen
silizilianische Pistazien, gehackt oder als Blättchen, zum Dekorieren

1 Eine Silikonform mit Rand großzügig mit Schokoladen-Kakaobutter-Lösung ausstreichen und 4–5 Minuten fest werden lassen. Das Pistazien-Marzipan gleichmäßig in die Form legen und anpassen *(siehe Seiten 52–53)*.

2 Sahne und Invertzucker aufkochen. Vom Herd nehmen und auf 65–70 °C abkühlen lassen.

3 Die Schokolade in einer Schüssel im Wasserbad schmelzen und auf 45 °C erwärmen. Die abgekühlte Sahne langsam und vollständig unter die Schokolade rühren. Die Butterwürfel zugeben und alles zu einer glatten Masse verrühren. Dafür bei Bedarf einen Pürierstab verwenden.

4 Die Ganache auf der Marzipanschicht verteilen und glatt streichen. An einem kühlen, trockenen Ort über Nacht fest werden lassen.

5 Die Ganache mit Schokoladen-Kakaobutter-Lösung bestreichen. Fortfahren wie auf Seite 46 (Schichtpralinen) in den Schritten 5–8 beschrieben.

6 Die Pralinen mit Pistazien dekorieren. An einem kühlen, trockenen Ort 2 Stunden fest werden lassen.

Kaffee & Walnuss

In Kuchen liebe ich diese Kombination – und auch in Pralinen ist sie eine gelungene Verbindung.

Ergibt etwa 80 Pralinen

1 Rezept Feuillantine-Boden *(siehe Seiten 54–55)*, dabei die Haselnusskerne durch 90 g gehackte Walnusskerne ersetzen
180 g Sahne
3 g frisch gemahlenes Kaffeepulver
30 g Invertzucker *(siehe Seite 23)*
200 g Edelbitter-Schokolade (70 % Kakaoanteil), gehackt
30 g weiche Butter, gewürfelt
1 Rezept Schokoladen-Kakaobutter-Lösung *(siehe Seite 29)*
500 g temperierte Edelbitter-Schokolade *(siehe Seiten 18–19)* zum Überziehen
Kaffeebohnen, fein gehackt, zum Dekorieren

1 Den Feuillantine-Boden mit Walnusskernen zubereiten *(siehe Seiten 54–55)* und eine Silikonform mit Rand damit auslegen.

2 Die Sahne aufkochen und das Kaffeepulver unterrühren. Vom Herd nehmen, mit Frischhaltefolie abdecken und 2 Stunden ziehen lassen.

3 Die Sahne durch ein feines Sieb gießen, sodass das Kaffeepulver zurückbleibt. Aromatisierte Sahne und Invertzucker aufkochen. Vom Herd nehmen und auf 65–70 °C abkühlen lassen.

4 Die Schokolade in einer Schüssel im Wasserbad schmelzen und auf 45 °C erwärmen. Die Sahne langsam und vollständig unter die Schokolade rühren. Die Butter zugeben und alles zu einer glatten Masse verrühren. Bei Bedarf einen Pürierstab verwenden.

5 Die Ganache auf dem Feuillantine-Boden verteilen und glatt streichen. An einem kühlen, trockenen Ort über Nacht fest werden lassen.

6 Die Ganache mit Schokoladen-Kakaobutter-Lösung bestreichen. Fortfahren wie auf Seite 46 (Schichtpralinen) in den Schritten 5–8 beschrieben.

7 Die Pralinen mit Kaffeebohnenstückchen dekorieren. An einem kühlen, trockenen Ort mindestens 2 Stunden fest werden lassen.

Chuao

Ergibt etwa 80 Pralinen

1 Rezept Schokoladen-Kakaobutter-Lösung *(siehe Seite 29)*
400 g Sahne
60 g Invertzucker *(siehe Seite 23)*
450 g Chuao-Schokolade *(edle Kakaosorte aus dem gleichnamigen venezuelanischen Küstendorf, Bezugsquellen siehe Seite 224)*, fein gehackt
70 g weiche Butter, gewürfelt
500 g temperierte Edelbitter-Schokolade *(siehe Seiten 18–19)* zum Überziehen
essbares Blattgold zum Dekorieren

1 Eine Silikonform mit Rand großzügig mit Schokoladen-Kakaobutter-Lösung ausstreichen.

2 Sahne und Invertzucker aufkochen. Vom Herd nehmen und auf 65–70 °C abkühlen lassen.

3 Die Schokolade in einer Schüssel im Wasserbad schmelzen und auf 45 °C erwärmen. Die abgekühlte Sahne langsam und vollständig unterrühren. Die Butter zugeben und alles zu einer glatten Masse verrühren. Bei Bedarf einen Pürierstab verwenden.

4 Die Ganache in die Silikonform gießen. An einem kühlen, trockenen Ort über Nacht fest werden lassen.

5 Die Ganache mit Schokoladen-Kakaobutter-Lösung bestreichen. Fortfahren wie auf Seite 45 (Pralinen mit aromatisierter Ganache) in den Schritten 4–7 beschrieben.

6 Die Pralinen mit Blattgold dekorieren. An einem kühlen, trockenen Ort etwa 2 Stunden fest werden lassen.

Variante

Gerösteter Sesam
Die Ganache statt mit Chuao-Schokolade mit 420 g Edelbitter-Schokolade (65 % Kakaoanteil) und 60 g Gianduja zubereiten. Zusätzlich nach der Butter 10 g weiße Sesampaste und 10 g schwarze Sesampaste (Fertigprodukte, *Bezugsquellen siehe Seite 224*) in die Ganache rühren. Die fertigen Pralinen mit gerösteten weißen Sesamsamen dekorieren.

PRALINEN MIT GEWÜRZEN

Zitronengras & Ingwer

Gewürze und Schokolade lassen sich wunderbar und sehr vielseitig miteinander kombinieren. Halten Sie sich bei den folgenden Rezepten streng an die Mengenangaben, besonders was die Gewürze betrifft. Sie sollen der Ganache nur ein dezentes Aroma verleihen und so den natürlichen Geschmack der Schokolade unterstreichen.

Ergibt etwa 80 Pralinen

1 Rezept Schokoladen-Kakaobutter-Lösung *(siehe Seite 29)*
400 g Sahne
10 g frisches Zitronengras, grob gehackt
2,5 g frisch geriebener Ingwer
60 g Invertzucker *(siehe Seite 23)*
450 g Edelbitter-Schokolade (63 % Kakaoanteil), fein gehackt
60 g weiche Butter, gewürfelt
500 g temperierte Edelbitter-Schokolade *(siehe Seiten 18–19)* zum Überziehen
gemahlener Ingwer *(siehe Kasten Seite 68)* zum Dekorieren

1 Eine Silikonform mit Rand großzügig mit Schokoladen-Kakaobutter-Lösung ausstreichen und 4–5 Minuten fest werden lassen.

2 Die Sahne aufkochen. Zitronengras und Ingwer einstreuen. Vom Herd nehmen, mit Frischhaltefolie abdecken und 4 Stunden ziehen lassen.

3 Die Sahne durch ein feines Sieb gießen und die Gewürze so entfernen. Aromatisierte Sahne und Invertzucker aufkochen. Vom Herd nehmen und auf 65–70 °C abkühlen lassen.

4 Die Schokolade in einer Schüssel im Wasserbad schmelzen und auf 45 °C erwärmen. Die abgekühlte Sahne langsam und vollständig unter die Schokolade rühren. Die Butter zugeben und alles glatt rühren. Bei Bedarf einen Pürierstab verwenden.

5 Die Ganache in die Silikonform gießen. An einem kühlen, trockenen Ort über Nacht fest werden lassen.

6 Die Ganache mit Schokoladen-Kakaobutter-Lösung bestreichen. Fortfahren wie auf Seite 45 (Pralinen mit aromatisierter Ganache) in den Schritten 4–7 beschrieben.

7 Die Pralinen zur Dekoration mit etwas gemahlenem Ingwer bestreuen. An einem kühlen, trockenen Ort 2 Stunden fest werden lassen.

Varianten

Sichuanpfeffer
Die Ganache wie links beschrieben zubereiten. Zum Aromatisieren statt Zitronengras und Ingwer jedoch 6 g Sichuanpfefferkörner verwenden. Anstelle der angegebenen Schokolade 425 g Edelbitter-Schokolade (66 % Kakaoanteil) und 65 g Gianduja *(siehe Seite 218)* schmelzen lassen. Die Pralinen mit gemahlenem Sichuanpfeffer *(siehe Kasten Seite 68)* dekorieren.

Kardamom
Die Ganache wie links beschrieben zubereiten. Zum Aromatisieren statt Zitronengras und Ingwer jedoch 15 g grüne Kardamomkapseln (aufgebrochen und Körner herausgelöst) verwenden. Als Dekoration mit Drahtgeflecht ein Gittermuster in den Schokoladenüberzug prägen *(siehe Seiten 60–61)*.

Sternanis
Die Ganache wie links beschrieben zubereiten. Statt Zitronengras und Ingwer jedoch 6 g Sternanis verwenden und mit der Schokolade zusätzlich 50 g Gianduja *(siehe Seite 218)* schmelzen lassen. Die Pralinen mit etwas gemahlenem Anis *(siehe Kasten Seite 68)* bestreuen.

Von oben nach unten:

Pralinen mit Gewürzen

Zitronengras & Ingwer

Sichuanpfeffer

Kardamom

Sternanis

PRALINEN MIT KRÄUTERN (1)

Rosmarin & Olivenöl

Diese Pralinen haben schon so manchem Kunden die Augen geöffnet. Sie sind geschmacklich leichter zugänglich und schlagen eine Brücke zwischen klassischen und modernen Kombinationen.

Ergibt etwa 80 Pralinen

1 Rezept Schokoladen-Kakaobutter-Lösung *(siehe Seite 29)*
400 g Sahne
4 g frische Rosmarinnadeln
60 g Invertzucker *(siehe Seite 23)*
2 g Meersalz
450 g Edelbitter-Schokolade (66 % Kakaoanteil), fein gehackt
15 g weiche Butter, gewürfelt
75 ml Olivenöl *(möglichst eine fruchtig-pikante Variante)*
500 g temperierte Edelbitter-Schokolade *(siehe Seiten 18–19)* zum Überziehen
getrocknete Rosmarinnadeln *(siehe Kasten)* zum Dekorieren

Kräuter trocknen
Frische Rosmarinzweige waschen. Die Nadeln abzupfen und in feine Streifen schneiden. Diese kurz in kochendem Wasser blanchieren, kalt abspülen und mit Küchenpapier trocken tupfen. Ein Backblech mit Backpapier belegen und den Rosmarin darauf verteilen. Im Backofen bei 100 °C (und spaltbreit geöffneter Ofentür) etwa 2 Stunden trocknen lassen. In einem luftdicht schließenden Behälter aufbewahren. Auf diese Weise können auch andere Kräuter, Ingwer oder die Schalen von Zitrusfrüchten getrocknet werden.

1 Eine Silikonform mit Rand großzügig mit Schokoladen-Kakaobutter-Lösung ausstreichen und 4–5 Minuten fest werden lassen.

2 Die Sahne aufkochen. Den frischen Rosmarin einstreuen und den Topf vom Herd nehmen. Mit Frischhaltefolie abdecken und die Sahne etwa 2 Stunden ziehen lassen.

3 Die Sahne abseihen und den Rosmarin so entfernen. Aromatisierte Sahne, Invertzucker und Meersalz erneut aufkochen. Vom Herd nehmen und auf 65–70 °C abkühlen lassen.

4 Die Schokolade in einer Schüssel im Wasserbad schmelzen und auf 45 °C erwärmen. Nacheinander die leicht abgekühlte Sahne und die Butter langsam und vollständig unter die Schokolade rühren. Zuletzt das Olivenöl unter die Ganache rühren, bis die Masse glatt ist. Bei Bedarf einen Pürierstab verwenden.

5 Die Ganache in die Silikonform gießen und an einem kühlen, trockenen Ort über Nacht fest werden lassen. Die Ganache mit Schokoladen-Kakaobutter-Lösung bestreichen. Fortfahren wie auf Seite 45 (Pralinen mit aromatisierter Ganache) in den Schritten 4–7 beschrieben.

6 Die Pralinen mit getrocknetem Rosmarin dekorieren. An einem kühlen, trockenen Ort mindestens 2 Stunden fest werden lassen.

Varianten

Waldhonig
Die Ganache wie links beschrieben zubereiten. Zum Aromatisieren statt Rosmarin 60 g Waldhonig verwenden. Sahne und Honig zusammen aufkochen, aber nicht ziehen lassen. Anstelle der angegebenen Schokolade eine Mischung aus 400 g Edelbitter-Schokolade (63 % Kakaoanteil) und 130 g Milchschokolade schmelzen lassen. Meersalz und Olivenöl weglassen.

Jasmin
Die Ganache wie links beschrieben zubereiten, jedoch mit folgenden Zutaten: 350 g Sahne, 6 g frische Jasminblüten, 60 g Invertzucker, 260 g Milchschokolade, 400 g Edelbitter-Schokolade (63 % Kakaoanteil) und 60 g Butter. Die Jasminblüten 4 Stunden in der Sahne ziehen lassen. Als Dekoration mit Strukturfolie ein Muster auf eine Ecke der Pralinen prägen.

Frischer Lavendel
Die Ganache wie links beschrieben mit 130 g Milchschokolade und 375 g Edelbitter-Schokolade (65 % Kakaoanteil) zubereiten. Den Rosmarin durch 5 g frischen Lavendel ersetzen und je 60 g Invertzucker und Butter verwenden. Meersalz und Olivenöl weglassen. Die Pralinen zuletzt mit getrockneten Lavendelblüten dekorieren.

Thai-Basilikum
Die Ganache wie links beschrieben zubereiten. Dabei den Rosmarin durch 10 g Thai-Basilikumblätter ersetzen. Meersalz und Olivenöl weglassen. Die Pralinen mit getrockneten Thai-Basilikumblättern dekorieren *(siehe Kasten)*.

Von oben nach unten:

Pralinen mit Kräutern (I)

Rosmarin & Olivenöl
Waldhonig
Jasmin
Frischer Lavendel
Thai-Basilikum

PRALINEN MIT KRÄUTERN (2)

Estragon & Senf

Lassen Sie frische Kräuter niemals in der heißen Sahne mitkochen. Ihr Aroma und Geschmack verfliegen so im Nu.

Ergibt etwa 80 Pralinen

1 Rezept Schokoladen-Kakaobutter-Lösung *(siehe Seite 29)*
1 Rezept Estragon-Senf-Ganache *(siehe Seiten 48–51)*
500 g temperierte Edelbitter-Schokolade *(siehe Seiten 18–19)* zum Überziehen
Senfsamen, im Mörser grob zerstoßen, zum Dekorieren

1 Eine Silikonform mit Rand großzügig mit Schokoladen-Kakaobutter-Lösung ausstreichen und 4–5 Minuten fest werden lassen.

2 Die Estragon-Senf-Ganache zubereiten *(siehe Seiten 48–51)*.

3 Die aromatisierte Ganache in die Silikonform füllen und an einem kühlen, trockenen Ort über Nacht fest werden lassen.

4 Die Ganache mit Schokoladen-Kakaobutter-Lösung bestreichen. Fortfahren wie auf Seite 45 (Pralinen mit aromatisierter Ganache) in den Schritten 4–7 beschrieben.

5 Die Pralinen zuletzt mit zerstoßenen Senfsamen dekorieren. An einem kühlen, trockenen Ort mindestens 2 Stunden fest werden lassen.

Varianten

Frische Minze
Die Ganache zubereiten *(siehe Seiten 48–51)*. Dabei den Estragon durch 40 g frische Minzeblätter (gewaschen und trocken getupft) ersetzen und das Senfpulver weglassen. Die Pralinen nach dem Überziehen auf Strukturfolie setzen *(Bezugsquellen siehe Seite 224)* und so ein Muster einprägen.

Thymian & Heidehonig
Die Ganache zubereiten *(siehe Seiten 48–51)*. Dabei den Estragon durch 2,5 g frische Thymianblättchen (gewaschen und trocken getupft) ersetzen und das Senfpulver weglassen. Anstelle des Invertzuckers 60 g Heidehonig verwenden. Insgesamt nur 350 g Sahne und eine Mischung aus 400 g Edelbitter-Schokolade (66 % Kakaoanteil) und 125 g Milchschokolade verwenden. Die Pralinen nach dem Überziehen auf Strukturfolie setzen *(Bezugsquellen siehe Seite 224)* und so ein Muster einprägen.

Shiso
Die Ganache zubereiten *(siehe Seiten 48–51)*. Dabei den Estragon durch 10 g Shiso-Blätter (Blätter der Sesampflanze, gewaschen und trocken getupft) ersetzen und das Senfpulver weglassen. Die Pralinen nach dem Überziehen auf Strukturfolie setzen *(Bezugsquellen siehe Seite 224)* und so ein Muster einprägen.

Von oben nach unten:

Pralinen mit Kräutern (2)

Estragon & Senf

Frische Minze

Thymian & Heidehonig

Shiso

JAPAN-PRALINEN

Grüner Tee

Ergibt etwa 80 Pralinen

1 Rezept Schokoladen-Kakaobutter-Lösung *(siehe Seite 29)*
375 g Sahne
15 g Grüner Tee (ganze Blätter)
55 g Invertzucker
200 g Milchschokolade, gehackt
290 g Edelbitter-Schokolade (66 % Kakaoanteil), gehackt
60 g weiche Butter, gewürfelt
500 g temperierte Edelbitter-Schokolade *(siehe Seiten 18–19)*
Sencha-Blätter (japanischer Grüntee)

1 Eine Silikonform mit Rand großzügig mit Schokoladen-Kakaobutter-Lösung ausstreichen und 4–5 Minuten fest werden lassen. Die Sahne aufkochen und leicht abkühlen lassen. Die Teeblätter einstreuen, mit Frischhaltefolie abdecken und 4 Stunden ziehen lassen. Danach abseihen und die Teeblätter so entfernen. Aromatisierte Sahne und Invertzucker erneut aufkochen. Vom Herd nehmen und auf 65–70 °C abkühlen lassen.

2 Die Schokolade in einer Schüssel im Wasserbad schmelzen und auf 45 °C erwärmen. Die aromatisierte Sahne langsam und vollständig unterrühren. Die Butter zugeben und alles glatt rühren. Dafür bei Bedarf einen Pürierstab verwenden. Die Ganache in die Silikonform füllen und an einem kühlen, trockenen Ort über Nacht fest werden lassen.

3 Die Ganache mit Schokoladen-Kakaobutter-Lösung bestreichen. Fortfahren wie auf Seite 45 (Pralinen mit aromatisierter Ganache) in den Schritten 4–7 beschrieben. Die Pralinen zuletzt mit Sencha-Blättern dekorieren und fest werden lassen.

Varianten

Houji Cha (geräucherter grüner Tee)
Die Ganache wie links beschrieben zubereiten. Dabei den grünen Tee durch 12 g Houji-Cha-Blätter ersetzen. Die Pralinen mit zerbröselten Houji-Cha-Blättern dekorieren.

Japanischer Schwarzer Essig
Die Ganache wie links beschrieben zubereiten, jedoch ohne grünen Tee. 395 g Sahne mit dem Invertzucker aufkochen und 450 g gehackte Edelbitter-Schokolade (70 % Kakaoanteil) damit glatt rühren. Zusammen mit der Butter 25 g Japanischen Schwarzen Essig unterrühren. Die Pralinen nach dem Überziehen auf Strukturfolie setzen *(Bezugsquellen siehe Seite 224)* und so ein Muster in die Oberfläche prägen.

Yuzu (japanische Zitrusfrucht)
Die Ganache wie links beschrieben zubereiten. Dabei den grünen Tee durch 7 g abgeriebene Schale von 1 Bio-Yuzu *(siehe Seite 218)* ersetzen. Die Mischung aus Milch- und dunkler Schokolade durch 450 g Edelbitter-Schokolade (66 % Kakaoanteil) ersetzen. Die Pralinen zuletzt mit getrockneter Yuzu-Schale dekorieren *(siehe Kasten Seite 68)*.

Matcha (Grüntee-Pulver)
Die Ganache wie links beschrieben zubereiten. Dabei den grünen Tee durch 25 g Matcha (Grüntee-Pulver) ersetzen. Die Sahne mit dem Invertzucker aufkochen. Das Matcha-Pulver mit etwas heißer Sahne zu einer glatten Paste verrühren. Zur restlichen Sahne geben und glatt rühren. Fortfahren wie links beschrieben. Die Pralinen mit etwas Matcha-Pulver dekorieren.

Aprikose & Wasabi

Ergibt etwa 80 Pralinen

½ Rezept Pâté de Fruits *(siehe Seiten 56–57)*, dabei Himbeerpüree und Himbeeren durch 325 g Aprikosenpüree ersetzen

Für die Wasabi-Ganache:
2,5 g Wasabi-Pulver
180 g Sahne
25 g Invertzucker *(siehe Seite 23)*
210 g Edelbitter-Schokolade (66 % Kakaoanteil), gehackt
30 g weiche Butter, gehackt
1 Rezept Schokoladen-Kakaobutter-Lösung *(siehe Seite 29)*
500 g temperierte Edelbitter-Schokolade *(siehe Seiten 18–19)*

1 Aus der Pâté de Fruits eine Gelee-Schicht zubereiten und über Nacht fest werden lassen *(siehe Seite 47)*. Für die Ganache das Wasabi-Pulver mit 5 ml Wasser glatt rühren. Sahne und Invertzucker aufkochen und auf 65–70 °C abkühlen lassen. Etwas Sahne unter die Wasabi-Paste rühren. Die Paste gut mit der restlichen Sahne verrühren.

2 Die Schokolade in einer Schüssel im Wasserbad schmelzen und auf 45 °C erwärmen. Die abgekühlte Sahne langsam und vollständig unter die Schokolade rühren. Die Butter zugeben und alles zu einer glatten Masse verrühren. Bei Bedarf einen Pürierstab verwenden.

3 Die Wasabi-Ganache auf die feste Geleeschicht gießen. Fortfahren wie auf Seite 47 (Pralinen mit Gelee-Schicht) in den Schritten 2 bis 8 beschrieben. Die Pralinen nach dem Überziehen auf Strukturfolie setzen *(Bezugsquellen siehe Seite 224)* und so ein Muster in die Oberfläche prägen.

Von oben (im Uhrzeigersinn):
Japan-Pralinen
Houji Cha (geräucherter Grüner Tee)
Grüner Tee
Matcha (Grüntee-Pulver)
Aprikose & Wasabi
Japanischer Schwarzer Essig
Yuzu (japanische Zitrusfrucht)

FRUCHTIGE PRALINEN

Himbeere & Toscano

Die Schokoladenmischung Toscano von Amedei passt mit ihren fruchtigen Noten ganz wunderbar zu Himbeeren.

Ergibt etwa 80 Pralinen

½ Rezept Pâté de Fruits aus Himbeeren *(siehe Seiten 56–57)*
145 g Sahne
30 g Invertzucker *(siehe Seite 23)*
165 g Edelbitter-Schokolade (Sorte Toscano, 63 % Kakaoanteil), gehackt
30 g weiche Butter, gewürfelt
1 Rezept Schokoladen-Kakaobutter-Lösung *(siehe Seite 29)*
500 g temperierte Edelbitter-Schokolade *(siehe Seiten 18–19)* zum Überziehen

1 Das Pâté de Fruits in eine rechteckige Form mit Antihaftbeschichtung oder in eine Silikonform gießen. An einem kühlen, trockenen Ort über Nacht fest werden lassen.

2 Sahne und Invertzucker aufkochen. Den Topf vom Herd nehmen und die Sahne auf 65–70 °C abkühlen lassen.

3 Die Schokolade in einer Schüssel im Wasserbad schmelzen und auf 45 °C erwärmen. Langsam die Sahne unterrühren. Die Butter zugeben und alles glatt rühren. Bei Bedarf dafür einen Pürierstab verwenden.

4 Die Ganache auf das Pâté de Fruits in die Form gießen. An einem kühlen, trockenen Ort über Nacht fest werden lassen.

5 Die Oberfläche der Ganache mit Schokoladen-Kakaobutter-Lösung einstreichen. Fortfahren wie auf Seite 47 (Pralinen mit Gelee-Schicht) in den Schritten 5 bis 8 beschrieben. Die Pralinen nach dem Überziehen auf Strukturfolie setzen *(Bezugsquellen siehe Seite 224)* und so ein Muster in die Schokoladenoberfläche prägen. An einem kühlen, trockenen Ort über Nacht fest werden lassen.

Varianten

Apfel & Brombeere

Die Pralinen wie oben beschrieben zubereiten. Das Pâté de Fruits jedoch mit 325 g Apfelmus und 5 ml Zitronensaft zubereiten. Für die Ganache statt der Sahne 125 g Brombeerpüree (Fertigprodukt *ODER siehe* Johannisbeerpüree, *Seite 124)* verwenden.

Wacholderbeere & Schwarze Johannisbeere

Die Pralinen wie oben beschrieben zubereiten. Das Pâté de Fruits jedoch mit 275 g Schwarzem Johannisbeerpüree *(siehe Seite 124)* und 50 g frischen Schwarzen Johannisbeeren zubereiten. Die Sahne aufkochen und 5 g Wacholderbeeren zufügen. Mit Frischhaltefolie abdecken und 4 Stunden ziehen lassen. Abseihen und mit Schritt 2 fortfahren. Mit Cassis-Pulver dekorieren.

Maracuja & Mango

Diese köstliche Sommerpraline passt hervorragend zu einem Glas Fizz.

Ergibt 80 Pralinen

1 Rezept Schokoladen-Kakaobutter-Lösung *(siehe Seite 29)*
125 g Maracujapüree
125 g Mangopüree
35 g Zucker
75 g Sahne
60 g Invertzucker *(siehe Seite 23)*
300 g Edelbitter-Schokolade (63 % Kakaoanteil), gehackt
180 g Milchschokolade (32 % Kakaoanteil), fein gehackt
60 g weiche Butter, gewürfelt
500 g temperierte Edelbitter-Schokolade *(siehe Seiten 18–19)*

1 Eine Silikonform mit Rand großzügig mit Schokoladen-Kakaobutter-Lösung ausstreichen. Beide Fruchtpürees mit Zucker, Sahne und Invertzucker in einem Topf aufkochen. Vom Herd nehmen und auf 65–70 °C abkühlen lassen.

2 Die Schokolade in einer Schüssel im Wasserbad schmelzen und auf 45 °C erwärmen. Die Sahne unterrühren. Die Butter zugeben und alles zu einer glatten Masse verrühren. Bei Bedarf einen Pürierstab verwenden. Die Ganache in die Silikonform füllen. An einem kühlen, trockenen Ort über Nacht fest werden lassen.

3 Die Ganache mit Schokoladen-Kakaobutter-Lösung bestreichen. Fortfahren wie auf Seite 45 (Pralinen mit aromatisierter Ganache) in den Schritten 4–7 beschrieben. Die Pralinen nach dem Überziehen auf Strukturfolie setzen *(Bezugsquellen siehe Seite 224)* und so ein Muster in die Schokoladenoberfläche prägen. An einem kühlen, trockenen Ort über Nacht fest werden lassen.

Von oben nach unten:
Fruchtige Pralinen
Apfel & Brombeere
Himbeere & Toscano
Maracuja & Mango
Wacholderbeere & Schwarze Johannisbeere

PRALINEN IN FORMEN HERSTELLEN

Diese Methode verwenden wir unter anderem für unsere Pralinen mit weicher Karamellfüllung, da die Füllung von einer besonders stabilen Schicht Schokolade geschützt werden muss. Selbstverständlich kommen auch andere Füllungen infrage, zum Beispiel eine aromatisierte Ganache. Pralinenhohlkörper gibt es auch fertig zu kaufen, aber die Qualität der Schokolade lässt hier meist zu wünschen übrig. Trotzdem finden Sie einige Bezugsquellen auf Seite 224.

Tipp: Zur Herstellung von Pralinenhohlkörpern muss temperierte Schokolade verwendet werden *(siehe Seiten 18–19)*.

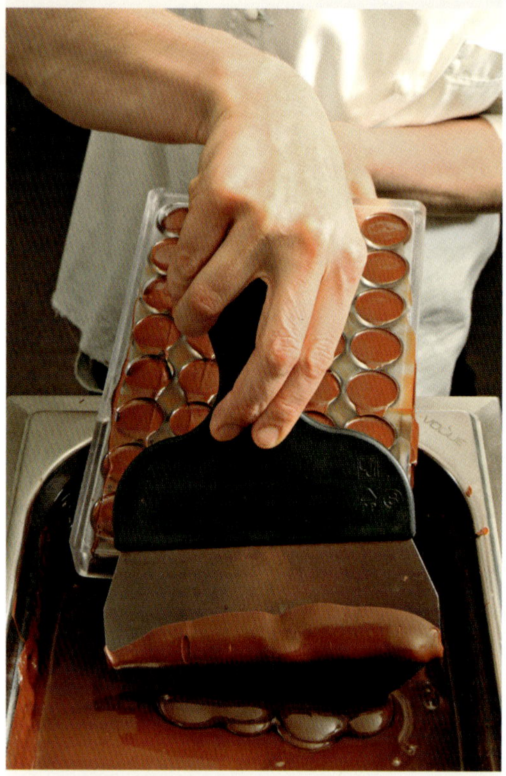

1 Ein Backblech mit Backpapier belegen. Die Mulden der Pralinenform reinigen und polieren. Dann vollständig mit temperierter Schokolade füllen.

2 Überschüssige Schokolade mit einem Spachtel von der Oberfläche streifen. Dann mit dem Spachtel auch an die Seiten der Pralinenform klopfen, damit alle Luftbläschen aus der Schokolade entweichen.

3 Einige Sekunden warten, dann die Form über der Schüssel mit Schokolade umdrehen. Wieder leicht mit dem Spachtel dagegenklopfen, damit möglichst viel Schokolade abfließt und nur eine dünne Schicht in den Mulden bleibt. Sofort wieder umdrehen und mit dem Spachtel Schokolade von der Oberfläche streifen. Die Form kopfüber auf das Backblech stellen und an einem kühlen, trockenen Ort 10–15 Minuten fest werden lassen.

4 Abgekühlte Karamellfüllung (oder eine andere Füllung) in einen Spritzbeutel mit kleiner Öffnung füllen, damit die Füllung nicht zu schnell herausläuft. In die Mulden spritzen, bis diese zu vier Fünfteln gefüllt sind.

5 Temperierte Schokolade auf die Form geben, bis die gefüllten Mulden vollständig bedeckt sind. Mit einer Palette in einem Zug überschüssige Schokolade abstreifen. Die Form 2–3 Stunden kühl und trocken stellen.

6 Wenn die Schokolade fest ist, die Form leicht biegen und die Pralinen so lösen. Die Form umdrehen und sanft dagegenklopfen, sodass die fertigen Pralinen herausfallen.

PRALINEN MIT KARAMELLFÜLLUNG

Pralinen mit Karamellfüllung sind in unseren Geschäften sehr gefragt, besonders die mit leicht salzigem Karamell. Unsere Muscovado-Karamell-Pralinen wurden 2011 sogar von der Academy of Chocolate als beste Pralinen des Jahres ausgezeichnet. Unsere große Auswahl bietet für jeden Geschmack etwas. Aber sicher finden Sie durch Experimentieren schnell Ihren eigenen Favoriten.

Karamell selbst herzustellen ist einfacher, als allgemein angenommen. Mein Favorit ist Karamell mit besonders intensivem Geschmack. Er entsteht, wenn man den Zucker bernsteinfarben karamellisieren lässt. Diese Stufe erkennen Sie auch daran, dass leichter Dunst vom Karamell aufsteigt. Um den Kochprozess zu stoppen, muss schon gekochte Sahne bereitstehen. Für unsere Pralinen verwenden wir nur beste französische Butter mit Fleur de Sel (Salzkristallen). Wählen auch Sie eine gute Butter, denn sie bestimmt die Qualität des Karamells.

1

3

Salzkaramell

Etwas Salz gleicht in einem gut gekochten Karamell die Süße aus und betont den natürlichen, wunderbar intensiven Karamellgeschmack.

Außerdem: Für unsere Karamellrezepte benötigen Sie Pralinenformen mit 24 oder 40 Mulden (jeweils mindestens 1,5 cm tief).

Ergibt etwa 80 Pralinen

185 g Sahne
1 Vanilleschote, längs aufgeschlitzt
375 g Zucker
60 g Glukosesirup
300 g weiche, gesalzene Butter (mit Meersalz), gewürfelt
500 g temperierte Edelbitter-Schokolade *(siehe Seiten 18–19)*

4

5

6

1 Die Sahne in einen Topf füllen. Das Mark aus der Vanilleschote schaben. Mark und Schote zur Sahne geben. Aufkochen und dann sofort vom Herd nehmen.

2 Inzwischen einen zweiten Topf leer erhitzen. Sobald er heiß ist, ein Drittel Zucker und den Glukosesirup hineingeben. Weiter erhitzen, bis der Zucker hell karamellisiert ist.

3 Den restlichen Zucker zufügen und alles zu einem bernsteinfarbenen Karamell kochen. Das dauert etwa 15 Minuten. Dabei den kochenden Zucker zu keinem Zeitpunkt aus den Augen lassen.

4 Die Sahne langsam und vorsichtig in den kochenden Karamell rühren. Dann vom Herd nehmen.

5 Die Butterwürfel einzeln zugeben und jeweils unterrühren, bis sie sich vollständig im Karamell aufgelöst haben. Abkühlen lassen.

6 Die Pralinenhohlkörper in den Mulden der Form mit dem Karamell füllen *(siehe Seiten 76–77)*.

Karamell mit Orange & Balsamico-Essig

Die Idee zu diesen Pralinen basiert auf einer Orangen-Karamell-Sauce, die ich während meiner Ausbildung zubereitet habe. Orangen und Balsamico-Essig verleihen dem gehaltvollen Karamell eine angenehme Frische.

Ergibt etwa 80 Pralinen

250 ml Orangensaft
¼ Vanilleschote, längs aufgeschlitzt
90 g Sahne
300 g Zucker
40 g Glukosesirup
100 g weiche Butter, gewürfelt
100 g weiche, gesalzene Butter (mit Meersalz), gewürfelt
12,5 ml Balsamico-Essig
500 g temperierte Edelbitter-Schokolade *(siehe Seiten 18–19)*

1

1 (reduzierter Saft)

3

1 Den Orangensaft in einen Topf füllen. Das Mark aus der Vanilleschote schaben. Mark und Schote zum Saft geben. Aufkochen und 8–10 Minuten köcheln lassen, bis die Flüssigkeit auf etwa 150 ml reduziert ist.

2 Die Sahne in einem zweiten Topf aufkochen.

3 Einen dritten Topf leer erhitzen. Sobald er heiß ist, ein Drittel Zucker und den Glukosesirup hineingeben. Weiter erhitzen, bis ein heller Karamell entsteht. Den restlichen Zucker zufügen und alles in etwa 15 Minuten zu einem bernsteinfarbenen Karamell kochen. Dabei den kochenden Zucker nicht aus den Augen lassen.

4 Die warme Sahne langsam und vorsichtig zum Karamell gießen und unterrühren. Dann den reduzierten Orangensaft unterrühren und vom Herd nehmen.

5 Beide Sorten Butterwürfel nach und nach vollständig unter den Karamell rühren. Abkühlen lassen, dann den Essig zugießen und glatt rühren. Den Karamell als Füllung verwenden *(siehe Seiten 76–77)*.

4

5

PRALINEN MIT KARAMELL

Karamell mit Ingwer

Die leichte Schärfe des Ingwers gleicht den sahnigen Geschmack des Karamells angenehm aus.

Ergibt etwa 80 Pralinen

150 g Sahne
12 g frisch geriebener Ingwer
250 g Zucker
40 g Glukosesirup
60 g Edelbitter-Schokolade (70 % Kakaoanteil), gehackt
90 g weiche Butter, gewürfelt
90 g weiche, gesalzene Butter (mit Meersalz), gewürfelt
500 g temperierte Edelbitter-Schokolade *(siehe Seiten 18–19)* zum Überziehen

1 Sahne und Ingwer in einem Topf aufkochen. Vom Herd nehmen, mit Frischhaltefolie abdecken und 30 Minuten ziehen lassen. Dann abseihen.

2 Inzwischen einen zweiten Topf leer erhitzen. Sobald er heiß ist, ein Drittel Zucker, Glukosesirup und Schokolade hineingeben und zu hellem Karamell kochen. Den restlichen Zucker zufügen und alles in etwa 15 Minuten zu einem bernsteinfarbenen Karamell kochen. Dabei den kochenden Zucker nicht aus den Augen lassen.

3 Die warme Sahne langsam und vorsichtig unter den Karamell rühren. Beide Sorten Butterwürfel nach und nach zum Karamell geben und jeweils vollständig unterrühren. Den fertigen Karamell abkühlen lassen und als Füllung verwenden *(siehe Seiten 76–77)*.

Karamell mit schwarzen Oliven & Tomaten

Ergibt etwa 80 Pralinen

125 g Sahne
10 g schwarze Kalamata-Oliven, entkernt und fein gehackt
3 Tomaten, grob gehackt
je 1 Prise Salz und Pfeffer
1 Tropfen Balsamico-Essig
250 g Zucker
40 g Glukosesirup
200 g weiche Butter, gewürfelt
500 g temperierte Edelbitter-Schokolade *(siehe Seiten 18–19)* zum Überziehen

1 Sahne und Oliven in einen Topf geben und aufkochen. Vom Herd nehmen. Inzwischen die Tomaten in einem zweiten Topf bei schwacher Hitze etwa 15 Minuten köcheln lassen. Mit Salz, Pfeffer und Balsamico-Essig würzen. Die Tomaten durch ein Sieb streichen und abkühlen lassen.

2 Inzwischen einen dritten Topf leer erhitzen. Sobald er heiß ist, ein Drittel Zucker und den Glukosesirup hineingeben und zu hellem Karamell kochen. Den restlichen Zucker zufügen und alles in etwa 15 Minuten zu einem bernsteinfarbenen Karamell kochen. Dabei den kochenden Zucker nicht aus den Augen lassen.

3 Die warme Sahne langsam und vorsichtig unter den Karamell rühren. Die Butterwürfel nacheinander zugeben und jeweils vollständig unterrühren. Den Karamell etwas abkühlen lassen, dann das Tomatenpüree unterziehen. Den fertigen Karamell vollständig abkühlen lassen und als Füllung verwenden *(siehe Seiten 76–77)*.

Salzbutter-Muscovado-Karamell

Diese Pralinen erhielten bei den Academy of Chocolate Awards 2011 die Bestnote.

Ergibt etwa 80 Pralinen

125 g Sahne
¼ Vanilleschote, längs aufgeschlitzt
85 g Zucker
40 g Glukosesirup
85g feiner hellbrauner Zucker
125 g Muscovadozucker (Vollrohrzucker, aus dem Bioladen)
200 g weiche, gesalzene Butter (mit Meersalz), gewürfelt
500 g temperierte Edelbitter-Schokolade *(siehe Seiten 18–19)* zum Überziehen

1 Die Sahne in einen Topf füllen. Das Mark aus der Vanilleschote schaben. Mark und Schote zur Sahne geben. Aufkochen und dann vom Herd nehmen.

2 Inzwischen einen zweiten Topf leer erhitzen. Sobald er heiß ist, die Hälfte des weißen Zuckers und den Glukosesirup hineingeben. Wenn der Zucker geschmolzen und ein heller Karamell entstanden ist, den restlichen weißen und den hellbraunen Zucker hinzufügen. Alles in etwa 15 Minuten zu einem bernsteinfarbenen Karamell kochen. Dabei den kochenden Zucker nicht aus den Augen lassen. Zuletzt den Muscovadozucker unterrühren und bei schwacher Hitze schmelzen lassen.

3 Sobald sich der Muscovadozucker vollständig im Karamell aufgelöst hat, vorsichtig die warme Sahne unterrühren. Vom Herd nehmen und die Butterwürfel nacheinander unterziehen. Den fertigen Karamell abkühlen lassen und als Füllung verwenden *(siehe Seiten 76–77)*.

Außerdem: Für unsere Karamellrezepte benötigen Sie Pralinenformen mit 24 oder 40 Mulden (jeweils mindestens 1,5 cm tief).

Von oben nach unten:
Pralinen mit Karamell
Karamell mit Ingwer
Salzbutter-Muscovado-Karamell
Salzkaramell *(siehe Seite 79)*
Karamell mit Orange & Balsamico-Essig
(siehe Seite 80)
Karamell mit schwarzen Oliven & Tomaten

Tafeln & Häppchen

DEKORS FÜR SCHOKOLADENTAFELN: Kandierte Orangenschalen

Kandierte Orangenschale sehen als Dekors auf Schokoladentafeln toll aus. Sie schmecken jedoch auch in temperierte Schokolade getaucht oder solo sehr gut.

Ergibt etwa 12 Stück

3 Bio-Orangen (Sorte Navel)
375 g feiner Zucker
1 Vanilleschote, längs aufgeschlitzt

1 Die Orangen heiß abwaschen und trocknen. Bei jeder Frucht die Schale so einschneiden, dass vier etwa gleich große Stücke markiert sind. Diese Stücke vorsichtig von den Orangen schälen. In einen Topf geben und mit Wasser bedecken. Aufkochen und das Kochwasser dann abgießen. Die Orangenschalen kalt abspülen, erneut im Topf mit Wasser bedecken, aufkochen und abgießen. Diesen Vorgang noch zweimal wiederholen.

2 Die abgeseihten Orangenschalen mit dem Zucker und 500 ml Wasser in den Topf geben. Das Mark aus der Vanilleschote schaben. Mark und Schote zu den Schalen geben. Alles aufkochen und bei schwacher Hitze 30 Minuten köcheln lassen. Den Topf vom Herd nehmen und 30 Minuten abkühlen lassen. Abgedeckt über Nacht vollständig abkühlen lassen.

3 Den Sirup mit den Orangenschalen erneut aufkochen. Bei schwacher Hitze nochmals 2 Stunden köcheln lassen, bis die Orangenschalen weich und kandiert sind. Über Nacht abkühlen lassen.

4 Die kandierten Orangenschalen aus dem Sirup nehmen und 2–3 Stunden auf einem Kuchengitter trocknen lassen. Dann in Streifen gewünschter Größe schneiden. Den Sirup aufbewahren und wieder verwenden.

DEKORS FÜR SCHOKOLADENTAFELN: Kandierte Salzpistazien

Für dieses Rezept eignen sich Pistazien aus Sizilien am besten. Sie sind zwar etwas teurer als andere Sorten, ihre Qualität entlohnt aber für alle Mühen und Kosten.

Ergibt etwa 150 g

125 g Pistazienkerne
60 g Zucker
15 ml Kirschwasser
3 g Meersalz

1 Den Backofen auf 200 °C vorheizen. Ein Backblech mit Backpapier belegen. Die Pistazienkerne darauf ausbreiten und im Backofen 5 Minuten rösten. Dabei einmal wenden. Abkühlen lassen.

2 Die gerösteten Pistazien in einer Schüssel gut mit Zucker, Kirschwasser und Meersalz vermischen. Ein Backblech mit Backpapier belegen und die Pistazien darauf verteilen.

3 Nochmals 10–12 Minuten im heißen Ofen rösten. Die Pistazien dabei zweimal wenden, damit sie gleichmäßig geröstet werden. Herausnehmen und abkühlen lassen. Bis zur Verwendung in einem luftdicht schließenden Behälter aufbewahren.

SCHOKOLADENTAFELN MIT FRÜCHTEN & NÜSSEN

Ich kombiniere Früchte und Nüsse sehr gerne. Diese Schokoladentafeln sehen fabelhaft aus und bekommen in unseren Geschäften viel Aufmerksamkeit. Kreieren Sie ruhig Ihre eigenen Varianten.

Kandierte Orangenschalen

Ergibt 6 Tafeln

850 g temperierte Edelbitter-Schokolade *(siehe Seiten 18–19)*
85 g kandierte Orangenschalen *(siehe Seite 86)*, in Streifen geschnitten
60 g Haselnusskerne, geröstet (eine Hälfte halbiert, eine Hälfte ganz)
85 g Mandeln, geröstet
40 g **Kandierte Salzpistazien** *(siehe Seite 87)*

Aprikosen & Cranberrys

Ergibt 6 Tafeln

850 g temperierte Edelbitter-Schokolade *(siehe Seiten 18–19)*
150 g getrocknete Aprikosen, halbiert
30 g getrocknete Cranberrys
60 g **Kandierte Mandeln** *(siehe Seite 102)*, die Mandeln jedoch nicht in Gianduja getaucht

Herbstfrüchte

Ergibt 6 Tafeln

850 g temperierte Edelbitter-Schokolade *(siehe Seiten 18–19)*
140 g getrocknete Birnen, in Streifen geschnitten
30 g getrocknete Apfelringe, in Streifen geschnitten
10 g gefriergetrocknete Schwarze Johannisbeeren *(Bezugsquellen siehe Seite 224)*

1 Die Formen für die Tafeln reinigen und polieren. Die Mulden mit temperierter Schokolade füllen. Die Formen sanft auf die Arbeitsfläche klopfen, damit Luftbläschen aus der Schokolade entweichen.

2 Einen breiten Spachtel über die Formen ziehen und überschüssige Schokolade entfernen.

Außerdem: 2 Formen für je 3 Tafeln (à 8 × 16 cm, *Bezugsquellen siehe Seite 224*).

3 Den jeweiligen Belag auf der Schokolade verteilen und leicht andrücken. Die Tafeln an einem kühlen, trockenen Ort offen mindestens 3–4 Stunden fest werden lassen.

4 Die Formen leicht auf die Arbeitsfläche klopfen und die Tafeln so lösen.

AROMATISIERTE SCHOKOLADENTAFELN

In unseren Rezepten verwenden wir nur natürliche Zutaten. Deshalb ist die Zubereitung zeitaufwendig, aber das Ergebnis ist es wert!

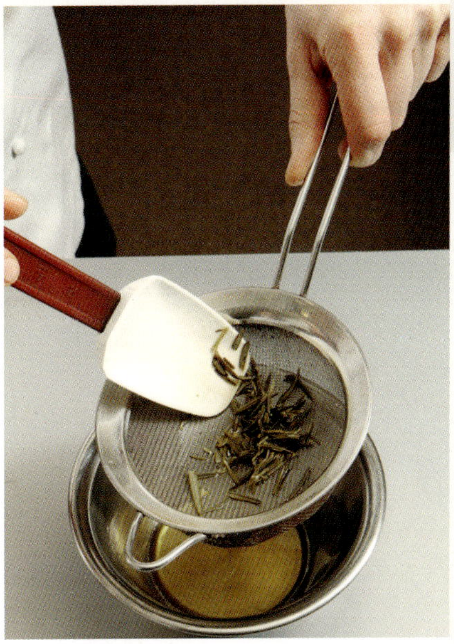

3

4

5

Rosmarin & Meersalz

Ergibt 9 Tafeln

5,5 g Rosmarinnadeln, gewaschen und trocken getupft
500 g temperierte Edelbitter-Schokolade
1 g Meersalz

Für den Rosmarin-Aufguss:
25 g Kakaobutter
5,5 g Rosmarinnadeln, gewaschen und trocken getupft

1 Die Formen reinigen und polieren. Den Backofen auf 110 °C vorheizen. Den Rosmarin fein hacken und auf ein Backblech streuen. Im Ofen bei leicht geöffneter Tür etwa 1 Stunde trocknen. Beiseitestellen.

2 Für den Aufguss die Kakaobutter schmelzen und auf 60 °C erhitzen (mit einem Zuckerthermometer prüfen). Den Rosmarin zugeben und an einem warmen Ort über Nacht ziehen lassen.

3 Die Kakaobutter erneut schmelzen. Leicht abkühlen lassen und den Rosmarin abseihen.

4 Die Hälfte der aromatisierten Kakaobutter unter die temperierte Schokolade mischen. (Restliche Kakaobutter in einem luftdicht schließenden Behälter kühl aufbewahren.)

5 Die aromatisierte Schokolade in die Formen gießen. Einen breiten Spachtel über die Form ziehen und überschüssige Schokolade entfernen.

6 Die Schokolade mit dem getrockneten Rosmarin und mit Meersalz bestreuen. An einem kühlen, trockenen Ort 3–4 Stunden fest werden lassen. Dann aus den Formen lösen *(siehe Seite 88)*.

Außerdem: 2 Formen für je 6 Tafeln (à 27,5 × 17,5 cm, *Bezugsquellen siehe Seite 224)*.

Varianten:
Probieren Sie folgende Kombinationen oder kreieren Sie eigene Geschmacksrichtungen mit Ihren Lieblingszutaten.

Basilikum & Pfeffer

Ergibt 9 Tafeln

6 g Basilikumblätter (eine Hälfte getrocknet, die andere zum Aromatisieren der Kakaobutter)
25 g Kakaobutter
500 g temperierte Edelbitter-Schokolade *(siehe Seiten 18–19)*
1,5 g frisch gemahlener schwarzer Pfeffer

Minze

Ergibt 9 Tafeln

8 g Minzeblätter (eine Hälfte getrocknet, die andere zum Aromatisieren der Kakaobutter)
25 g Kakaobutter
500 g temperierte Edelbitter-Schokolade *(siehe Seiten 18–19)*

6

SCHOKO-KNUSPERRIEGEL

Die Füllung aus Nugatcreme und Haselnüssen aus dem Piemont macht diesen köstlichen Schokoriegel zu einem meiner Favoriten.

Außerdem: 1 Riegel-Form mit 8 halb runden Mulden (27,5 × 13,5 cm, *Bezugsquellen siehe Seite 224*).

Ergibt 8 Riegel

20 g **Haselnusskerne** (am besten aus dem Piemont), grob gehackt
65 g Feuillantine *(siehe Seiten 218 und 224,* oder Cornflakes*)*
75 g Milchschokolade (32 % Kakaoanteil), fein gehackt
50 g **Nugatcreme** *(siehe Seiten 158–159)*
500 g temperierte Edelbitter-Schokolade *(siehe Seiten 18–19)*

3

6

7

1 Die Mulden für die Riegel reinigen und polieren.

2 Für die Füllung Haselnusskerne und Feuillantine in einer Schüssel mischen. Beiseitestellen.

3 Die Milchschokolade in einer Schüssel im Wasserbad schmelzen und auf 45 °C erwärmen. Die Nugatcreme unterrühren und vom Herd nehmen. Die Nuss-Feuillantine-Mischung unterheben.

4 Für die Ummantelung die temperierte Schokolade in die Mulden gießen. Die Form sanft auf die Arbeitsfläche klopfen, damit Luftbläschen aus der Schokolade entweichen.

5 Kurz warten. Die Form über der Schüssel umdrehen, sodass überschüssige Schokolade abfließt. Erneut umdrehen, mit einem Spachtel über die Formoberfläche streichen und sie so säubern. Die verbliebene Schokolade an einem kühlen, trockenen Ort etwa 20 Minuten fest werden lassen.

6 Die Nuss-Nugat-Füllung bis knapp unter den Rand in die Ummantelungen füllen. Mit einer kleinen Palette glatt streichen.

7 Die restliche temperierte Schokolade daraufgießen. Mit einer Palette verteilen und die Riegel versiegeln.

8 Die Riegel an einem kühlen, trockenen Ort offen 2–3 Stunden fest werden lassen.

9 Leicht gegen die Form klopfen und die Riegel so herauslösen.

WALNUSSKROKANT

Eine unserer neuesten Kreationen. Der buttrige Geschmack der karamellisierten Walnüsse bildet einen feinen Kontrast zur dunklen Schokolade.

Ergibt etwa 12 Stück

40 g Butter
80 g Zucker
30 g Glukosesirup
100 g Walnusskerne, grob gehackt
500 g temperierte Edelbitter-Schokolade *(siehe Seiten 18–19)*

3

3

4

1 Den Backofen auf 200 °C vorheizen. Ein Backblech mit einer Silikonmatte belegen.

2 Butter, Zucker und Glukosesirup in einem Topf bei mittlerer Hitze schmelzen lassen. Vom Herd nehmen und die Walnüsse unterheben.

3 Die Walnussmischung auf dem Blech verteilen. Im Ofen 8–10 Minuten karamellisieren lassen. Herausnehmen und abkühlen lassen.

4 Den Walnusskrokant in etwa 12 Stücke brechen.

5 Die Krokantstücke in die temperierte Schokolade tauchen, bis sie vollständig damit überzogen sind. Auf eine Silikonmatte legen.

6 Den Walnusskrokant an einem kühlen, trockenen Ort mindestens 1 Stunde fest werden lassen.

SCHOKOLADEN-BLÄTTCHEN

Gerösteter Sesam & Milchschokolade

Erst durch das Rösten entfaltet der Sesam seinen vollen Geschmack.

Ergibt 2 große Lagen (etwa 30 Stücke)

50 g weiße Sesamsamen
50 g schwarze Sesamsamen
500 g temperierte Milchschokolade
(siehe Seiten 18–19)

1 Beide Sesamsorten bei mittlerer Hitze in einer Pfanne ohne Fett rösten. Dann gleichmäßig unter die temperierte Schokolade mischen.

2 Die Hälfte der Sesamschokolade hauchdünn auf einen Bogen Schokoladenfolie (Azetat) oder eine Silikonmatte streichen.

3 Einen zweiten Bogen Schokoladenfolie oder eine zweite Silikonmatte darauflegen und die Schokoladenplatte zwischen zwei Backbleche klemmen. Diesen Vorgang mit der restlichen Schokolade wiederholen. An einem kühlen, trockenen Ort mindestens 2 Stunden fest werden lassen.

4 Das obere Blech abheben und die Schokoladenfolie (oder Silikonmatte) vorsichtig von der Schokolade ziehen. Die Schokolade in Stücke brechen.

Außerdem: 4 Bögen Schokoladenfolie (à 30 × 40 cm) oder 4 entsprechend große Silikonmatten. Damit glänzen die fertigen Schokoblättchen allerdings nicht so schön wie mit Folie.

1

2

3

Weiße Schokolade & Kakaobruch

Weißer Schokolade fehlt das intensive Kakaoaroma. Zum Ausgleich dekorieren wir die Schokoblättchen mit Kakaobruch.

Ergibt 2 große Lagen (etwa 30 Stücke)

10 g flüssiger Honig
30 g Kakaobruch
500 g temperierte weiße Schokolade
(siehe Seiten 18–19)

1 Den Backofen auf 100 °C vorheizen. Ein Backblech mit Backpapier belegen.

2 Den Honig in einem Topf bei mittlerer Hitze erwärmen. Den Kakaobruch untermischen.

3 Den Honig-Kakaobruch auf dem Backblech verteilen und im Ofen etwa 2 Stunden trocknen lassen. Dabei die Ofentür leicht geöffnet lassen, um die Temperatur so niedrig wie möglich zu halten. Abkühlen lassen und sofort verwenden oder in einem luftdicht schließenden Behälter aufbewahren.

4 Die Hälfte der weißen Schokolade hauchdünn auf einen Bogen Schokoladenfolie oder eine Silikonmatte streichen. Mit der Hälfte vom Kakaobruch bestreuen. Einen zweiten Bogen Schokoladenfolie oder eine zweite Silikonmatte darauflegen und die Schokoladenplatte zwischen zwei Backbleche klemmen. Diesen Vorgang mit der restlichen Schokolade wiederholen. An einem kühlen, trockenen Ort mindestens 2 Stunden fest werden lassen.

5 Das obere Blech abheben und die Schokoladenfolie (oder Silikonmatte) vorsichtig abziehen. Die Schokolade in Stücke brechen.

SCHOKOLADEN-LOLLIS

Leicht, lecker und lustig – diese Lollis sind der Hit. Die Zubereitung ist nicht schwer, macht aber riesig Spaß. Ideal, um Kinder in die Küche zu locken.

Geschmacksrichtungen

Ergibt je 15 Lollis

Dunkle Schokolade mit kandierten Pistazien, Sesam & Cranberrys

200 g temperierte Edelbitter-Schokolade *(siehe Seiten 18–19)*
3 g weiße Sesamsamen, leicht geröstet
16 g **Kandierte Salzpistazien** *(siehe Seite 87)*
20 g getrocknete Cranberrys

Milchschokolade mit kandierten Orangenschalen, Salzpistazien & Kakaobruch

200 g temperierte Milchschokolade *(siehe Seiten 18–19)*
16 g **Kandierte Salzpistazien** *(siehe Seite 87)*
15 g **Kandierte Orangenschalen** *(siehe Seite 86)*, in 3 cm dünne Streifen geschnitten
3 g Kakaobruch

Weiße Schokolade mit Mandelsplittern, Himbeeren & schwarzem Sesam

200 g temperierte weiße Schokolade *(siehe Seiten 18–19)*
3 g schwarze Sesamsamen, leicht geröstet
12 g Mandelsplitter, geröstet
3 g gefriergetrocknete Himbeeren *(Bezugsquellen siehe Seite 224)*

1 Mit einem Bleistift 15 Kreise (à 4,5 cm Ø) auf einen Bogen Backpapier zeichnen. Mit einem Teelöffel jeden Kreis mit temperierter Schokolade füllen.

2 Jeweils ein Holzstäbchen in die Schokokreise legen. Dabei darauf achten, dass die Stäbchen vollständig mit Schokolade bedeckt sind, damit der fertige Lolli darauf hält.

3 Die Schokokreise mit dem gewünschten Belag dekorieren. Die Lollis an einem kühlen, trockenen Ort 2–3 Stunden fest werden lassen.

FLORENTINER

Es gibt unzählige Varianten dieses italienischen Gebäcks. Wir mögen die schlichte Version – mit Mandeln, kandierter Orangenschale und Schokolade.

Ergibt 20 Stück

500 g temperierte Edelbitter-Schokolade *(siehe Seiten 18–19)*
25 g Butter
75 g Zucker
10 g Mehl
65 g Sahne
50 g Mandelblättchen
50 g Mandelsplitter (oder ganze blanchierte Mandeln, grob gehackt)
75 g Kandierte Orangenschale *(siehe Seite 86)*, gehackt

Außerdem: 1 runde Ausstechform (6 cm Ø) und 2 Muffinbleche mit je 12 Mulden *(Bezugsquellen siehe Seite 224)*.

1 Aus der temperierten Schokolade mit der Ausstechform 20 dünne Schokoladenkreise (6 cm Ø) herstellen. Dabei verfahren wie auf Seite 157 (Folientechnik) beschrieben.

2 Den Backofen auf 200 °C vorheizen.

3 Die Butter bei schwacher Hitze in einem Topf schmelzen lassen. Vom Herd nehmen, Zucker und Mehl unter die flüssige Butter rühren. Die Sahne langsam einrühren, bis eine glatte Masse entstanden ist. Mandelblättchen, Mandelsplitter und die Orangenschale unterheben.

4 Je 1 Esslöffel Mandelmasse in 20 Mulden der Muffinbleche füllen. Im Backofen 10–12 Minuten backen, bis die Masse goldbraun und karamellisiert ist. Die Florentiner leicht abkühlen lassen, dann aus den Formen lösen. Auf einem Kuchengitter vollständig abkühlen lassen.

5 Eine dünne Schicht temperierter Schokolade auf die glatte Seite der Florentiner streichen.

6 Darauf jeweils 1 Schokoladenkreis legen und ebenfalls mit etwas temperierter Schokolade bestreichen. Einen feinen Biskuitkamm wellenförmig durch die Schokoladenschicht ziehen, sodass ein Muster entsteht.

7 Die Florentiner an einem kühlen, trockenen Ort mindestens 1 Stunde fest werden lassen.

1

5

6

VIER HÄPPCHEN

Bei der Umsetzung neuer, innovativer Geschmackskombinationen greifen wir gerne auf klassische Techniken und traditionelles Wissen zurück.

Kandierte Mandeln mit Gianduja

Dank der köstlichen Gianduja-Schicht werden die kandierten Mandeln auf eine ganz neue Geschmacksebene gehoben.

Ergibt etwa 12 Portionen

400 g Mandeln (möglichst Sorte Avola)
125 g Zucker
250 g Kakaopulver
400 g Gianduja *(siehe Seite 218)*

6

1 Den Backofen auf 200 °C vorheizen. Ein Backblech mit einer Silikonmatte belegen. Die Mandeln darauf verteilen und im Ofen 5–6 Minuten rösten. In einen Topf füllen.

2 In einem zweiten Topf den Zucker mit 25 ml Wasser bei mittlerer Hitze köcheln lassen, bis er eine Temperatur von etwa 118 °C erreicht. Den Sirup über die gerösteten Mandeln gießen.

3 Die Mandeln bei mittlerer Hitze unter ständigem Rühren etwa 5–6 Minuten im Sirup köcheln lassen, bis sie von einer hellen Zuckerkristallschicht umhüllt sind.

4 Die Mandeln vom Herd nehmen und auf einer Silikonmatte verteilen. Dabei darauf achten, dass sie sich nicht berühren. Abkühlen lassen.

5 Das Kakaopulver in eine flache Schale füllen. Die Gianduja in einer Schüssel über dem Wasserbad schmelzen und auf 45 °C erwärmen. Dann auf 31–32 °C abkühlen lassen, dabei gelegentlich umrühren.

6 Vorsichtig einige Mandeln in die flüssige Gianduja geben. Mit einer Pralinentunkgabel herausheben und im Kakaopulver wälzen, bis sie vollständig bedeckt sind. Mit den restlichen Mandeln wiederholen.

7 Etwa 10 Minuten fest werden lassen. Die Mandeln dann in Portionen in ein Sieb geben und überschüssiges Kakaopulver sanft abschütteln.

8 Die Mandeln in einem luftdicht schließenden Behälter aufbewahren.

Mandelsplitter

Diese nussigen Schokoladenhäppchen erfreuen sich schon seit vielen Jahren größter Beliebtheit.

Ergibt etwa 12 Portionen

400 g Mandelsplitter
160 g Zucker
20 g Butter
500 g temperierte Edelbitter- oder Milchschokolade *(siehe Seiten 18–19)*

1 Den Backofen auf 180 °C vorheizen. Zwei Backbleche mit Silikonmatten belegen. Die Mandelsplitter darauf verteilen und im Ofen etwa 10 Minuten rösten. In einen Topf füllen.

2 In einem zweiten Topf den Zucker mit 45 ml Wasser verrühren und bei mittlerer Hitze köcheln lassen, bis er eine Temperatur von 118 °C erreicht. Den Sirup über die Mandeln gießen.

3 Die Mandelsplitter bei mittlerer Hitze etwa 5–6 Minuten unter Rühren köcheln lassen, bis sie von einer hellen Kristallschicht umhüllt sind.

4 Den Topf vom Herd nehmen und die Butter unterrühren, bis sie vollständig geschmolzen ist. Die Mandelsplitter auf einer Silikonmatte verteilen. Dabei darauf achten, dass sie sich nicht berühren. Abkühlen lassen.

5 Die Backbleche mit Backpapier belegen. Die Hälfte der Mandelsplitter in eine Schüssel füllen. Die Hälfte der temperierten Schokolade unterrühren, bis die Mandelsplitter vollständig überzogen sind. Mit einem Löffel 3 cm große Häufchen auf die Bleche setzen. Mit der zweiten Hälfte der Mandelsplitter und der temperierten Schokolade wiederholen. Fest werden lassen.

1

5

6

3

4

6

Kandierte Grapefruitschalen mit Kakaobruch

Es ist zeitaufwendig, Zitrusschalen zu kandieren, aber die Mühe lohnt sich. Durch den Kakaobruch bekommen diese süßen Häppchen eine knusprige Konsistenz, sie schmecken intensiver nach Kakao und sind daher umso köstlicher – ideal zum Genießen mit Freunden.

Ergibt etwa 24 Stück

3 Bio-Pink-Grapefruits
375 g Zucker
1 Vanilleschote, längs aufgeschlitzt
500 g temperierte Edelbitter-Schokolade *(siehe Seiten 18–19)*
60 g Kakaobruch

1 Die Grapefruits heiß abwaschen und trocknen. Bei jeder Frucht die Schalen so einschneiden, dass vier etwa gleich große Stücke markiert sind. Diese Stücke vorsichtig von den Grapefruits schälen und jeweils halbieren. In einen Topf geben und mit Wasser bedecken. Aufkochen, dann das Kochwasser abschütten. Die Grapefruitschalen kalt abspülen, erneut im Topf mit Wasser bedecken, aufkochen und abschütten. Diesen Vorgang noch viermal wiederholen.

2 Den Zucker mit 500 ml Wasser in einem Topf mischen. Das Mark aus der Vanilleschote schaben. Mark und Schote in den Topf geben. Aufkochen, die Grapefruitschalen zugeben und bei schwacher Hitze 30 Minuten köcheln lassen. Vom Herd nehmen und kurz abkühlen lassen. Abdecken und über Nacht vollständig abkühlen lassen.

3 Den Topf wieder auf den Herd stellen und den Sirup mit den Grapefruitschalen erneut aufkochen. Bei schwacher Hitze nochmals 2 Stunden köcheln lassen, bis die Grapefruitschalen weich und kandiert sind. Über Nacht abkühlen lassen.

4 Den Sirup abgießen (nach Wunsch aufbewahren und wieder verwenden). Die kandierten Grapefruitschalen auf einem Kuchengitter 3–4 Stunden trocknen lassen.

5 Die kandierten Schalen nacheinander zu jeweils drei Vierteln in die temperierte Schokolade tauchen.

6 Auf eine Silikonmatte legen und mit etwas Kakaobruch bestreuen. An einem kühlen, trockenen Ort mindestens 1 Stunde trocknen lassen. In einem luftdicht schließenden Behälter aufbewahren.

Karamellisierte Haselnüsse in Kinako-Pulver

Das Kinako-Pulver verleiht den mit Schokolade überzogenen karamellisierten Nüssen eine salzige Note.

Ergibt etwa 12 Portionen

400 g Haselnusskerne
125 g Zucker
25 g Butter
200 g temperierte Edelbitter-Schokolade *(siehe Seiten 18–19)*
250 g Kinako-Pulver (Sojabohnenmehl, *Bezugsquellen siehe Seite 224*)

1 Den Backofen auf 180 °C vorheizen. Ein Backblech mit einer Silikonmatte belegen. Die Haselnusskerne darauf verteilen und im Ofen etwa 10 Minuten rösten. In einen Topf füllen.

2 In einem zweiten Topf den Zucker mit 25 ml Wasser verrühren und bei mittlerer Hitze köcheln lassen, bis er eine Temperatur von 118 °C erreicht. Den Sirup über die Haselnüsse gießen.

3 Die Haselnusskerne unter Rühren bei mittlerer Hitze etwa 5–6 Minuten köcheln lassen, bis sie von einer hellen Kristallschicht umhüllt sind.

4 Den Topf vom Herd nehmen und die Butter unterrühren. Die Haselnüsse auf einer Silikonmatte verteilen. Dabei darauf achten, dass sie sich nicht berühren. Abkühlen lassen.

5 Die Hälfte der Nusskerne in eine Schüssel füllen und mit der Hälfte der temperierten Schokolade vermischen, bis sie vollständig überzogen sind.

6 Das Kinako-Pulver in eine flache Schale füllen. Sobald die Schokolade fest ist, die Nusskerne einzeln im Kinako-Pulver wälzen. Diesen Vorgang mit der zweiten Hälfte der Haselnusskerne und der temperierten Schokolade wiederholen.

7 Etwa 10 Minuten fest werden lassen. Die Nüsse dann in Portionen in ein Sieb geben und überschüssiges Kinako-Pulver sanft abschütteln.

KIRSCHEN IN SCHOKOLADE

»Gut Ding will Weile haben« – die Kirschen sollten mindestens 3 Monate im Kirschwasser ziehen. Am besten schmecken sie etwa eine Woche nach dem Überziehen, wenn die Fondant-Schicht beginnt, sich aufzulösen. Bon appétit!

Ergibt etwa 30 Kirschen

300 g Kirschen mit Stiel
200 ml Kirschwasser
500 g temperierte Edelbitter-Schokolade *(siehe Seiten 18–19)*
500 g Fondant
1 Block Edelbitter-Schokolade für die Späne

1

5

1 Die Kirschen waschen und trocken tupfen, dabei die Stiele belassen. In ein sauberes Einweckglas schichten und vollständig mit Kirschwasser bedecken. Mit Kreisen aus Backpapier abdecken. Das Glas verschließen und die Kirschen 3 Monate ziehen lassen.

2 Das Kirschwasser abgießen und beiseitestellen. Die marinierten Kirschen mit Küchenpapier trocken tupfen.

3 Mit einem Spritzbeutel kleine, flache Kreise aus temperierter Schokolade auf Backpapier spritzen.

4 Den Fondant in einem Topf mit 20 ml der Kirschwassermarinade auf 55 °C erwärmen.

5 Die Kirschen einzeln an den Stielen fassen und in den flüssigen Fondant tauchen. Den Fondant gelegentlich umrühren, damit sich keine Haut bildet.

6 Die Kirschen auf einer Silikonmatte kurz antrocknen lassen. Bevor der Fondant ganz fest wird, jede Kirsche auf einen Schokoladenkreis setzen.

7 Vom Schokoladenblock Späne auf ein Blech abhobeln *(siehe rechts)*.

8 Die überzogenen Kirschen wieder jeweils an ihren Stielen fassen und einzeln in die temperierte Schokolade tauchen. Jede überzogene Kirsche in die Schokoladenspäne setzen, sodass diese am Boden der Kirschen haften.

9 Die Kirschen an einem kühlen, trockenen Ort mindestens 1 Stunde fest werden lassen.

6

7

8

Petits Fours

KARAMELLBROCKEN

Diese mit Schokolade überzogenen Brocken aus Karamell schmecken köstlich. Dabei sind sie wirklich schnell zubereitet.

Ergibt 20–25 große Stücke

190 g Zucker
50 g feiner brauner Zucker
150 g Glukosesirup
50 g Honig
10 g Natron, gesiebt
500 g temperierte Edelbitter-Schokolade *(siehe Seiten 18–19)* zum Überziehen
500 g temperierte Milchschokolade *(siehe Seiten 18–19)* zum Überziehen

1 Eine quadratische Backform (20 × 20 cm) mit Backpapier auslegen.

2 In einem großen, hohen Topf beide Zuckersorten, Glukosesirup, Honig und 50 ml Wasser vermischen. Langsam erhitzen, bis sich der Zucker aufgelöst hat. Die Temperatur erhöhen und die Flüssigkeit auf 144–146 °C erhitzen. Sofort vom Herd nehmen.

3 Das Natron unterrühren. (Vorsicht, die Mischung schäumt stark auf.) Die Masse in die Form gießen. An einem kühlen, trockenen Ort abkühlen und fest werden lassen.

4 Den Karamell in große Stücke brechen. Die Hälfte der Stücke mit einer Pralinentunkgabel mit temperierter Edelbitter-Schokolade überziehen, die andere Hälfte mit Milchschokolade. (Vorsicht, nicht überzogene Stellen werden schnell klebrig.) Die Karamellbrocken in einem luftdicht schließenden Behälter aufbewahren. Hier sind sie bis zu 1 Monat haltbar.

»MILLIONAIRE'S SHORTBREAD«

Bei dieser Leckerei muss ich immer an meine Großmutter denken. Sie konnte hervorragend kochen und backen – auch dieses schottische Buttergebäck, das traditionell mit Milchschokolade bedeckt ist. Wir verwenden jedoch Edelbitter-Schokolade, um die Süße des Karamells auszugleichen.

Ergibt etwa 20 Stück

½ Rezept Salzkaramell *(siehe Seite 79)*
500 g temperierte Edelbitter-Schokolade *(siehe Seite 18–19)*
essbares Blattgold zum Dekorieren *(nach Wunsch)*

Für das Shortbread:
125 g weiche Butter, gewürfelt
185 g Mehl, gesiebt, plus Mehl zum Arbeiten
60 g Zucker

1 Für das Shortbread Butter, Mehl und Zucker in eine Schüssel geben. Mit den Knethaken des Handrührgeräts rasch verkneten, bis sich alles gerade zu einem Teig verbindet. Den Teig auf der leicht bemehlten Arbeitsfläche etwa 12 mm dick ausrollen. In Rechtecke (7,5 × 2,5 cm) schneiden und diese in die Mulden einer Silikonform für 20 Barren legen *(Bezugsquellen siehe Seite 224)*. Alternativ die Teigplatte in eine rechteckige (25,5 × 30 cm), mit Backpapier ausgelegte Backform legen. Mindestens 1 Stunde im Kühlschrank ruhen lassen. Inzwischen den Backofen auf 160 °C vorheizen. Den Teig darin in 20–25 Minuten zartgelb backen. Herausnehmen und abkühlen lassen.

2 Auf jedem Shortbread-Riegel 20 g (etwa 1 Esslöffel) Salzkaramell verteilen. Alternativ den Salzkaramell auf dem Shortbread-Boden in der Form verstreichen. An einem kühlen, trockenen Ort über Nacht fest werden lassen.

3 Aus der temperierten Schokolade 20 dünne Blättchen (à 7,5 × 2,5 cm) herstellen. Dabei verfahren wie auf Seite 157 (Folientechnik) beschrieben.

4 Die Shortbread-Karamell-Riegel aus der Silikonform lösen. Alternativ das Shortbread aus der Backform lösen und in 20 Riegel schneiden. Auf jeden Riegel ein Schokoladenblättchen legen und nach Wunsch mit etwas Blattgold dekorieren. Luftdicht verpackt ist das Shortbread 2–3 Tage haltbar.

SCHOKOLADEN-ROCHERS

Das französische Wort »rocher« bedeutet Felsen. Und das beschreibt die Form dieser köstlichen Häppchen hervorragend.

Ergibt etwa 16 Stück

100 g Milchschokolade (32 % Kakaoanteil), gehackt
10 g Kakaobutter
75 g Nugatcreme *(siehe Seiten 158–159)*
75 g Feuillantine *(siehe Seiten 218 und 224,* oder Cornflakes)
75 g Mandelsplitter, geröstet
500 g temperierte Edelbitter-Schokolade oder Milchschokolade *(siehe Seiten 18–19)* zum Überziehen

1 Milchschokolade und Kakaobutter in einer Schüssel im Wasserbad schmelzen und auf 45 °C erwärmen. Nacheinander Nugatcreme, Feuillantine und Mandelsplitter unterrühren. Die Mischung leicht abkühlen lassen.

2 Mit zwei Esslöffeln großzügige Häufchen auf Backpapier setzen. An einem kühlen, trockenen Ort etwa 2 Stunden fest werden lassen. Die Häufchen vollständig mit temperierter Edelbitter- oder Milchschokolade überziehen. Auf Backpapier fest werden lassen. Luftdicht verpackt bis zu 2 Wochen haltbar.

Schokoladen-Kokos-Riegel

Dies ist eines der ersten Rezepte, die ich am Glenrothes Technical College von Dave Bryson erlernte. Er war damals zugleich Backstubenleiter einer berühmten Bäckerei und Konditorei in Schottland – und für mich ein großes Vorbild.

Ergibt etwa 25 kleine Riegel

265 ml Kokosnusspüree oder ungesüßte Kokosmilch
60 g Invertzucker *(siehe Seite 23)*
450 g weiße Schokolade, fein gehackt
225 g Kokosflocken, leicht geröstet
500 g temperierte Edelbitter-Schokolade *(siehe Seiten 18–19)* zum Überziehen

1 Eine Backform (28 x 35 cm) mit Backpapier auslegen. Kokosnusspüree und Invertzucker aufkochen. Die weiße Schokolade in eine Schüssel füllen, das heiße Kokosnusspüree darübergießen und alles zu einer glatten Masse verrühren. Die Kokos-Ganache in die Form füllen und an einem kühlen, trockenen Ort über Nacht fest werden lassen.

2 Den Ganache-Block aus der Form lösen und auf eine saubere Arbeitsfläche legen. Den Block in 25 Riegel (à etwa 2,5 x 7,5 cm) schneiden. Die Stücke einzeln mit einer Pralinentunkgabel in die temperierte Schokolade tauchen. Als Dekoration mit den Zinken der Gabel vorsichtig schräge Streifen in die fast feste Schokoladenoberfläche drücken. Die Riegel sind in einem luftdicht schließenden Behälter bis zu 1 Woche haltbar.

»Caramel mou« mit Meersalz

Der weiche Karamell mit Meersalz stammt ursprünglich aus der Bretagne, daher auch der französische Name. Diese Region ist berühmt für ihre Butter und das dort gewonnene Fleur de Sel.

Ergibt 15–18 kleine Riegel

150 g Sahne
½ Vanilleschote, längs aufgeschlitzt
340 g Zucker
35 g Glukosesirup
140 g weiche, gesalzene Butter (mit Meersalz), gewürfelt
500 g temperierte Edelbitter-Schokolade *(siehe Seiten 18–19)* zum Überziehen
5 g grobes Meersalz zum Dekorieren

1 Die Sahne in einen Topf füllen. Das Mark aus der Vanilleschote schaben. Mark und Schote zur Sahne geben. Aufkochen, vom Herd nehmen und abgedeckt 10–15 Minuten ziehen lassen. Die Vanilleschote entfernen.

2 Einen zweiten Topf erhitzen. Zucker und Glukosesirup hineingeben und in etwa 15 Minuten zu bernsteinfarbenem Karamell kochen.

3 Die aromatisierte Sahne langsam und vorsichtig unter den Karamell rühren. Den Karamell auf 110 °C erhitzen. Die Butterwürfel in Portionen unterrühren und den Karamell weiterkochen lassen, bis er eine Temperatur von 125 °C erreicht. Die Masse in eine Silikonform mit hohem Rand (25,5 × 30 cm) gießen. An einem kühlen, trockenen Ort über Nacht fest werden lassen. Fortfahren wie links (Schokoladen-Kokos-Riegel) in Schritt 2 beschrieben. In 15–18 Riegel schneiden und diese mit Meersalz bestreuen.

»Caramel mou« mit Schokolade

Karamell ist perfekt gekocht, wenn er eine dunkle, rotbraune Farbe hat und leichter Dampf vom Topf aufsteigt.

Ergibt 15–18 kleine Riegel

220 g Sahne
½ Vanilleschote, längs aufgeschlitzt
290 g Zucker
40 g Glukosesirup
20 g weiche Butter, gewürfelt
100 g Edelbitter-Schokolade (63 % Kakaoanteil), gehackt
500 g temperierte Edelbitter-Schokolade *(siehe Seiten 18–19)* zum Überziehen
25 g Kakaobruch, fein gehackt, zum Dekorieren

1 Die Sahne in einen Topf füllen. Das Mark aus der Vanilleschote schaben. Mark und Schote zur Sahne geben. Aufkochen, vom Herd nehmen und abgedeckt 10–15 Minuten ziehen lassen. Die Vanilleschote entfernen.

2 Einen zweiten Topf erhitzen. Zucker und Glukosesirup hineingeben und in etwa 15 Minuten zu bernsteinfarbenem Karamell kochen. Langsam die aromatisierte Sahne unterrühren und den Karamell auf 110 °C erhitzen. Die Butterwürfel unterziehen und die Mischung auf 125 °C erhitzen. Die gehackte Schokolade unterrühren und die Masse in eine Silikonform mit hohem Rand (25,5 x 30 cm) gießen. An einem kühlen, trockenen Ort über Nacht fest werden lassen. Fortfahren wie links (Schokoladen-Kokos-Riegel) in Schritt 2 beschrieben. In 15–18 Riegel schneiden und diese mit gehacktem Kakaobruch dekorieren.

SCHOKOLADEN-BAISER

Einfach, aber köstlich – und bestimmt schnell weg.

Ergibt etwa 24 Mini-Baisers

120 g Eiweiß (von etwa 6 Eiern)
180 g Zucker
60 g Puderzucker, gesiebt
15 g Kakaopulver, gesiebt
20 g Kakaobruch, grob gehackt
500 g temperierte Edelbitter-Schokolade (*siehe Seiten 18–19*) zum Überziehen

1 Den Backofen auf 110 °C vorheizen. Ein Backblech mit Backpapier belegen. Die Eiweiße in einer Schüssel mit dem Handrührgerät schaumig schlagen. Den Zucker zufügen und die Masse bei hoher Geschwindigkeit sehr steif schlagen. Zuletzt Puderzucker und Kakaopulver vorsichtig unterheben, dabei die Masse jedoch keinesfalls mehr stark bearbeiten.

2 Die Masse in einen Spritzbeutel füllen und 3,5 cm große Kuppeln auf das Blech spritzen. Mit Kakaobruch bestreuen. Die Baisers im Ofen 1 ½ Stunden backen. Dabei nach der Hälfte der Backzeit die Ofentemperatur auf niedrigste Stufe schalten oder die Ofentür leicht geöffnet lassen. Die Baisers abkühlen lassen. Zuletzt die Böden in die temperierte Schokolade tauchen.

RUM-ROSINEN-HÄPPCHEN

Bei Marco Pierre White in »The Restaurant« stellten wir kleine Versionen dieser Häppchen her. Sie wurden zum Kaffee serviert – das hatte Klasse!

Ergibt 16 Stück

125 g Rosinen, abgespült und getrocknet
75 ml dunkler Rum
220 g Sahne
30 g Invertzucker
500 g Edelbitter-Schokolade (65 % Kakaoanteil), fein gehackt
40 g weiche Butter, gewürfelt
500 g temperierte Edelbitter-Schokolade (*siehe Seiten 18–19*) zum Überziehen

1 Die Rosinen in einen luftdicht schließenden Behälter füllen und mit dem Rum übergießen. Verschließen und über Nacht ziehen lassen.

2 Sahne und Invertzucker aufkochen. Dann auf 65–70 °C abkühlen lassen. Die Schokolade in einer Schüssel im Wasserbad schmelzen und auf 45 °C erwärmen. Die Sahne langsam und vollständig unter die Schokolade rühren. Die Butter ebenfalls unterrühren.

3 Die Hälfte der Rumrosinen samt Rum unter die Ganache heben. Die Masse in eine quadratische Silikonbackform (18 × 18 cm) füllen und glatt streichen. Die restlichen Rosinen darauf verteilen. An einem kühlen, trockenen Ort über Nacht fest werden lassen. Die Ganache in Quadrate (4 × 4 cm) schneiden. Diese einzeln in die temperierte Schokolade tauchen, bis sie vollständig überzogen sind. Fest werden lassen. In einem luftdicht schließenden Behälter bis zu 1 Woche haltbar.

SCHOKOLADEN-MACARONS

»Macarons«, besonders feine Makronen, sind gemeinhin als französische Delikatesse bekannt. Ihr Ursprung ist allerdings umstritten. Pierre Desfontaines von der Patisserie Ladurée gilt als Schöpfer der Pariser Macarons. Sie basieren auf einem Rezept für eine Biskuittorte, das er variierte, indem er jeweils zwei Mandelküchlein mit etwas Ganache in der Mitte zusammensetzte.

Ergibt 12–14 Stück

½ Grundrezept Ganache *(siehe Seiten 22–23)*

Für die Macarons:
120 g Eiweiß (von etwa 4 Eiern)
125 g gemahlene Mandeln, gesiebt
125 g Puderzucker, gesiebt
25 g Kakaopulver, gesiebt
125 g Zucker

1 In einer Schüssel 60 g Eiweiß mit Mandeln, Puderzucker und Kakaopulver zu einer glatten Masse verrühren. Ein Backblech mit Backpapier belegen.

2 Die restlichen Eiweiße mit dem Zucker in einer zweiten Schüssel leicht schaumig schlagen. Die Schüssel in ein Wasserbad stellen. Die Eiweiße auf etwa 65 °C erhitzen und dabei aufschlagen. Sobald die Masse diese Temperatur erreicht hat, vom Wasserbad nehmen und mit dem Handrührgerät oder von Hand zu einer steifen Baiser-Masse schlagen. Dabei die Mischung auf Zimmertemperatur abkühlen lassen. Den Eischnee mit einem Teigschaber gleichmäßig unter die Eiweiß-Mandel-Mischung heben.

3 Die Masse in einen Spritzbeutel mit 12 mm Lochtülle füllen und eine gerade Anzahl Kuppeln (24–28 Stück à 5 cm Ø) auf das Backblech spritzen. Die Kuppeln 20–25 Minuten antrocknen lassen. Inzwischen den Backofen auf 150 °C vorheizen. Die Macarons darin 15 Minuten backen. Die Temperatur dann auf 140 °C reduzieren und die Macarons noch 6–8 Minuten weiterbacken.

4 Herausnehmen und abkühlen lassen. Jeweils 2 Hälften mit etwas Ganache in der Mitte zusammensetzen. Die fertigen Macarons etwa 20 Minuten ruhen lassen. Am besten noch am selben Tag servieren.

KAFFEE-MACARONS

In den vergangenen Jahren sind Macarons immer beliebter geworden, und der berühmte französische Patissier Pierre Hermé gilt als ihr unbestrittener König. Seine in den 1990er-Jahren eröffneten Geschäfte gehören bis heute zu den erfolgreichsten der Branche.

Ergibt 12–14 Stück

½ Grundrezept Ganache *(siehe Seiten 22–23)*, dabei jedoch die Sahne im Schritt 1 mit ½ TL frisch gemahlenem Kaffee aufkochen und 15 Minuten ziehen lassen. Die aromatisierte Sahne durch ein feines Sieb gießen und zusammen mit dem Invertzucker aufkochen. Weiter wie im Grundrezept beschrieben.

Für die Macarons:
8 g Instant-Kaffeepulver
120 g Eiweiß (von etwa 4 Eiern)
125 g gemahlene Mandeln, gesiebt
125 g Puderzucker, gesiebt
125 g Zucker

1 In einer Schüssel Instant-Kaffeepulver und 60 g Eiweiß verrühren und 15 Minuten ziehen lassen, bis der Kaffee sich auflöst. Mandeln und Puderzucker zufügen und glatt rühren. Ein Backblech mit Backpapier belegen.

2 Die restlichen Eiweiße mit dem Zucker in einer zweiten Schüssel leicht schaumig schlagen. Die Schüssel in ein Wasserbad stellen. Die Eiweiße auf 65°C erhitzen und dabei aufschlagen. Sobald die Masse diese Temperatur erreicht hat, vom Wasserbad nehmen und mit dem Handrührgerät oder von Hand zu einer steifen Baiser-Masse schlagen. Dabei die Mischung auf Zimmertemperatur abkühlen lassen. Die Baiser-Masse mit einem Teigschaber gleichmäßig unter die Eiweiß-Kaffee-Mischung heben.

3 Die Masse in einen Spritzbeutel mit 12 mm Lochtülle füllen und eine gerade Anzahl Kuppeln (24–28 Stück à 5 cm Ø) auf das Blech spritzen. Die Kuppeln 20–25 Minuten antrocknen lassen. Inzwischen den Backofen auf 150 °C vorheizen. Die Macarons darin 15 Minuten backen. Die Temperatur auf 140 °C reduzieren und noch 6–8 Minuten weiterbacken.

4 Abkühlen lassen und je 2 Hälften mit etwas Kaffee-Ganache zusammensetzen. Die Macarons etwa 20 Minuten ruhen lassen. Am besten frisch servieren.

HASELNUSS-FEUILLANTINE-KÜCHLEIN

Klein, aber mit fein nussigem Kern.

Ergibt 10–12 Stück

60 g Edelbitter-Schokolade (63 % Kakaoanteil), fein gehackt
100 g weiche Butter, gewürfelt
85 g Zucker
80 g Eier (1–2 Stück)
50 g Mehl, gesiebt
85 g Haselnusskerne, gehackt, plus mehr zum Dekorieren
25 g Feuillantine *(siehe Seite 218 und 224,* oder Cornflakes)
500 g temperierte Milchschokolade *(siehe Seiten 18–19)* zum Überziehen

1 Den Backofen auf 180 °C vorheizen. Die Schokolade in einer Schüssel im Wasserbad schmelzen. In einer zweiten Schüssel die Butter schaumig schlagen. Die flüssige Schokolade unterrühren.

2 In einer weiteren Schüssel Zucker und Eier verrühren. Im Wasserbad auf 50 °C erhitzen und schaumig schlagen. Unter die Schokolade heben. Nacheinander Mehl, Nüsse und Feuillantine unterheben. Die Masse mit einem Spritzbeutel in eine Mini-Muffinform aus Silikon (mit 12 Mulden) füllen. Im Ofen 12–15 Minuten backen, bis die Küchlein aufgegangen sind und die Oberfläche bei sanftem Druck zurückfedert. Abkühlen lassen. Mit der temperierten Schokolade überziehen. Mit einer Lochtülle eine Dekoration einprägen und mit gehackten Haselnüssen bestreuen. Luftdicht verpackt bis zu 1 Woche haltbar.

DACQUOISE MIT SCHOKO-NUGAT-FÜLLUNG

Eine köstliche Ganache aus Nugatcreme und Schokolade zwischen zwei Lagen Haselnuss-Baiser.

Ergibt 12 Stück

½ **Grundrezept Ganache** *(siehe Seiten 22–23)*, aus einer Mischung aus Edelbitter- und Milchschokolade. In Schritt 4 mit der Butter noch 175 g **Nugatcreme** *(siehe Seiten 158–159)* unterrühren.

Für das Haselnuss-Baiser:
Butter zum Arbeiten
150 g Puderzucker
75 g gemahlene Mandeln
75 g gemahlene Haselnusskerne
45 g Mehl
225 g Eiweiß (von etwa 7 Eiern)
90 g Zucker
75 g Mandelblättchen

1 Den Backofen auf 160 °C vorheizen. Ein Backblech mit Backpapier belegen und sechs Dessertringe (à 6 cm Ø) leicht fetten. Puderzucker, Mandeln, Haselnüsse und Mehl zusammen in eine Schüssel sieben.

2 In einer zweiten Schüssel die Eiweiße schaumig schlagen. Den Zucker unter Rühren langsam einrieseln lassen und alles zu steifem Schnee schlagen. Die Puderzuckermischung in Portionen unterheben. Die Masse mit einem Spritzbeutel in die Ringe füllen. Mit einer Palette glatt streichen und die Ringe abheben. Auf diese Weise insgesamt 24 Baiser-Kreise auf das Blech spritzen. Die Kreise mit Mandelblättchen bestreuen und leicht mit

Puderzucker bestäuben. Im Backofen 20–25 Minuten backen. Herausnehmen und abkühlen lassen.

3 Die Ganache mit einem Spritzbeutel in Spiralen von innen nach außen auf eine Hälfte der Baiser-Kreise spritzen. Jeweils einen zweiten Baiser-Kreis auflegen. Am besten frisch servieren.

KROKANT-TÖRTCHEN

Eine raffinierte und köstliche Kombination von dreierlei Texturen.

Ergibt 20–25 Törtchen

Für den Mürbeteig:
195 g weiche Butter, gewürfelt, plus Butter zum Arbeiten
100 g Puderzucker, gesiebt
100 g gemahlene Mandeln
165 g Mehl, gesiebt
1 g Salz

Für die Krokant-Scheiben:
60 g Butter
7 g Glukosesirup
75 g Zucker
75 g Kakaobruch
10 g Pistazienkerne, gehackt

Für die Pistazien-Ganache:
300 g Sahne
30 g Pistazienpaste *(siehe Seite 52)*
250 g Edelbitter-Schokolade (63 % Kakaoanteil), fein gehackt
20 g Butter

1 Für den Teig Butter und Puderzucker schaumig schlagen. Mit Mandeln, Mehl und Salz zu einem glatten Teig verkneten. Den Teig zu einer Kugel formen und flach drücken. In Frischhaltefolie wickeln und mindestens 1 Stunde im Kühlschrank ruhen lassen.

2 Den Teig zwischen zwei Lagen Frischhaltefolie ausrollen und nochmals 20 Minuten kühl stellen. Inzwischen den Backofen auf 160 °C vorheizen. Ein Backblech mit Backpapier belegen und fünf Dessertringe (à 5 cm Ø) leicht fetten. Aus dem Teig fünf Kreise ausstechen und diese mit den Ringen aufs Blech setzen. Im Ofen in 15 Minuten goldbraun backen. Dabei die Dessertringe nach der Hälfte der Backzeit abheben. Auf diese Weise insgesamt 20–25 Mürbeteigböden backen. Die Böden abkühlen lassen. Die Ofentemperatur auf 180 °C erhöhen. Ein Backblech mit Backpapier belegen.

3 Für die Krokant-Scheiben die Butter bei schwacher Hitze schmelzen. Glukosesirup und Zucker unterrühren, bis sich alles gerade zu einer Masse verbindet. Vom Herd nehmen, Kakaobruch und Pistazien einrühren. Mit einem Löffel etwa 2 cm große Häufchen mit 5 cm Abstand (der Krokant läuft beim Backen auseinander) auf das Blech setzen. Im Ofen in etwa 10 Minuten goldbraun backen. Herausnehmen und kurz abkühlen lassen. Dann 20–25 Kreise (à 5 cm Ø) ausstechen. Sofort verwenden oder in einem luftdicht schließenden Behälter aufbewahren.

4 Für die Ganache Sahne und Pistazienpaste aufkochen. Die gehackte Schokolade in eine Schüssel füllen und mit der heißen Sahne übergießen. Glatt rühren, dann die Butter unterrühren und die Ganache 1 Stunde ruhen lassen.

5 Mit einem Spritzbeutel (8 mm Lochtülle) auf jeden Mürbeteigboden 7 kleine Ganache-Kuppeln spritzen. Je eine Krokant-Scheibe darauflegen.

JOHANNISBEER-SCHOKOLADENKÜSSE

Dank der Schwarzen Johannisbeeren sind diese Schokoladenküsse nicht zu süß.

Ergibt 20–25 Stück

500 g temperierte Edelbitter-Schokolade *(siehe Seiten 18–19)* zum Überziehen
15 g Schwarzes Johannisbeerpulver *(Bezugsquellen siehe Seite 224)* zum Dekorieren

Für das Johannisbeerpüree:
50 g Zucker
500 g Schwarze Johannisbeeren, gewaschen und von den Rispen gestreift
10 ml Zitronensaft

Für die Johannisbeerkonfitüre:
250 g Schwarze Johannisbeeren, gewaschen und von den Rispen gestreift
250 g Johannisbeerpüree *(siehe oben)*
200 g Gelierzucker
15 ml Zitronensaft
ODER
250 g Schwarze Johannisbeerkonfitüre (Fertigprodukt, 10 g pro Schokoladenkuss)

Für den Mürbeteig:
175 g Butter, gewürfelt
250 g Mehl, gesiebt
90 g Puderzucker, gesiebt
1 g Salz
40 g Eigelb (von etwa 2 Eiern)

Für die Schaummasse:
9 g Blattgelatine
100 g Johannisbeerpüree *(siehe oben)*
40 g Eiweiß (von etwa 2 Eiern)
225 g Zucker
40 g Glukosesirup

Tipp: Püree, Konfitüre und Teig können Sie gut vorbereiten und bis zur Verwendung luftdicht verpackt aufbewahren.

Für das Johannisbeerpüree:

1 Zucker und 50 ml Wasser aufkochen. Abkühlen lassen. Den Sirup mit Johannisbeeren und Zitronensaft fein pürieren. Durch ein Sieb streichen und in einem luftdicht schließenden Behälter bis zur Verwendung kühl stellen.

Für die Johannisbeerkonfitüre:

2 Johannisbeeren, Johannisbeerpüree und Gelierzucker in einem großen Topf mischen und aufkochen. Bei schwacher Hitze etwa 5 Minuten köcheln lassen, bis die Konfitüre geliert. Dabei gelegentlich umrühren. Zur Gelierprobe etwas Konfitüre auf einen kalten Teller tropfen und abkühlen lassen. Dann mit einem Finger leicht zur Seite schieben. Bildet sich dabei eine knitterige Haut, ist die Konfitüre fertig. Ansonsten unter Rühren noch kurz weiterköcheln lassen und die Gelierprobe wiederholen. Den Zitronensaft in die Konfitüre rühren, vom Herd nehmen und abkühlen lassen.

Für den Mürbeteig:

3 Butter und Mehl in einer Schüssel zwischen den Fingerspitzen verreiben, bis eine Masse mit sandiger Konsistenz entstanden ist. Puderzucker und Salz untermischen. Die Eigelbe zugeben und alles zu einem glatten Teig verkneten. Zu einer Kugel formen und flach drücken. In Frischhaltefolie wickeln und mindestens 1 Stunde im Kühlschrank ruhen lassen.

4 Ein Backblech mit Backpapier belegen. Den Teig 4 mm dick ausrollen. Mit einer runden Ausstechform (5 cm Ø) 20–25 Kreise ausstechen und auf das Blech legen. Nochmals 30 Minuten kühl stellen. Den Backofen auf 180 °C vorheizen. Die Böden darin in 15–18 Minuten goldbraun backen. Abkühlen lassen.

Für die Schaummasse:

5 Die Gelatine in kaltem Wasser einweichen. Das Johannisbeerpüree aufkochen. Vom Herd nehmen, die Gelatine ausdrücken und im warmen Püree auflösen. Die Mischung durch ein feines Sieb streichen.

6 Die Eiweiße mit dem Handrührgerät langsam aufschlagen. Zucker und 55 ml Wasser in einem Topf aufkochen. Den Glukosesirup zugeben und köcheln lassen, bis eine Temperatur von 121 °C erreicht ist. Den Sirup langsam unter die Eiweiße rühren. Weitere 3–4 Minuten aufschlagen. Das Johannisbeerpüree wieder erwärmen und unter Rühren zum Eischnee geben. Die Geschwindigkeit etwas erhöhen und weiterrühren lassen, bis die Masse abgekühlt und ein fester Eischnee entstanden ist.

Fertigstellen & Dekorieren:

7 Etwas Konfitüre auf die Mitte der Teigböden geben. Den Eischnee mit einem Spritzbeutel (15 mm Lochtülle) in Kuppeln auf die Konfitüre spritzen. Die Küchlein an einem kühlen, trockenen Ort etwa 2 Stunden antrocknen lassen.

8 Die Küchlein mit einer Pralinentunkgabel in die temperierte Schokolade tauchen, bis sie vollständig überzogen sind. Mit Johannisbeerpulver bestreuen. An einem kühlen, trockenen Ort fest werden lassen. Luftdicht verpackt sind die Schokoladenküsse etwa 1 Woche haltbar.

ORANGENKÜCHLEIN

Diese Küchlein wecken Kindheitserinnerungen in mir. Die Orangen-Ganache verleiht diesem britischen Klassiker einen besonders intensiven Geschmack.

Ergibt etwa 25 Stück

25 runde Schokoladenblättchen (à 4,5 cm Ø, *siehe* Folientechnik *Seite 157*)
500 g temperierte Edelbitter-Schokolade *(siehe Seiten 18–19)* zum Überziehen

Für die Orangenmarmelade:
4 Bio-Sevilla-Orangen (Bitterorangen, etwa 450 g)
1 Bio-Zitrone
800 g Zucker
50 g feiner brauner Zucker
ODER
250 g Orangenmarmelade (Fertigprodukt, 10 g pro Küchlein)

Für die Orangendekoration:
fein abgeriebene Schale von 1 Bio-Orange

Für den Biskuit:
90 g Eiweiß (von etwa 3 Eiern)
90 g Zucker
100 g Eigelb (von etwa 5 Eiern)
90 g Mehl

Für die Orangen-Ganache:
½ Vanilleschote, längs aufgeschlitzt
500 ml Orangensaft
225 g Edelbitter-Schokolade (66 % Kakaoanteil), fein gehackt

Tipps:
- Marmelade, Dekoration und Biskuitboden können Sie gut vorbereiten und bis zur Verwendung luftdicht verschlossen aufbewahren. Den Boden können Sie auch tiefkühlen.
- Die Ganache wirklich erst kurz vor dem Fertigstellen der Küchlein zubereiten.

Für die Orangenmarmelade:

1 Die Orangen heiß abwaschen und trocknen. Die Schale mit einem Zestenreißer in langen, dünnen Streifen abziehen. Eventuell verbliebene weiße Haut entfernen. Die Schalen in feine Streifen schneiden und in ein Mullsäckchen füllen. Das Fruchtfleisch der Orangen und der Zitrone in Spalten teilen. Mit 1 Liter Wasser, beiden Zuckersorten und dem Mullsäckchen in einen großen Topf geben. Offen bei schwacher Hitze etwa 2 Stunden köcheln lassen, bis die Orangenschalen weich sind. Das Säckchen herausnehmen, ausdrücken und abtropfen lassen.

2 Ein Sieb über einer Schüssel mit einem feinen Leinentuch auslegen. Die Orangenmischung hineingießen und etwa 30 Minuten abtropfen lassen. Gut ausdrücken. Die abgetropfte Flüssigkeit und die Orangenschalen aus dem Säckchen zurück in den Topf geben. Aufkochen und auf 104 °C erhitzen, dabei häufig umrühren. Zur Gelierprobe etwas Marmelade auf einen kalten Teller tropfen und abkühlen lassen. Wird sie fest, ist die Marmelade fertig. Ansonsten noch einige Minuten weiterköcheln lassen. Vom Herd nehmen.

Für die Orangendekoration:

3 Den Backofen auf 110 °C vorheizen. Ein Backblech mit Backpapier belegen. Die Orangenschalen darauf verteilen und 1–2 Stunden im Ofen trocknen. Abkühlen lassen und in eine luftdicht schließende Dose füllen.

Für den Biskuit:

4 Den Backofen auf 200 °C vorheizen. Ein tiefes Backblech (25,5 × 30 cm) mit Backpapier auslegen. Die Eiweiße schaumig schlagen. Den Zucker unter Rühren einrieseln lassen. Die Geschwindigkeit erhöhen und den Eischnee steif schlagen. Die Eigelbe einrühren.

5 Das Mehl vorsichtig unterheben. und die Masse ins Blech füllen. Im Ofen 18–20 Minuten backen, bis der Biskuit bei sanftem Druck zurückfedert. Abkühlen lassen.

Für die Orangen-Ganache:

6 Das Mark aus der Vanilleschote schaben. Mark und Schote mit dem Orangensaft in einen Topf geben. Aufkochen und offen köcheln lassen, bis der Saft auf etwa 200 ml reduziert ist. Die Schokolade in eine Schüssel füllen. Den Saft durch ein Sieb darübergießen. Kurz ziehen lassen, dann glatt rühren.

Fertigstellen & Dekorieren:

7 Aus dem Biskuitboden 25 Kreise (à 5 cm Ø) ausstechen.

8 Mit einem Spritzbeutel (8 mm Lochtülle) je einen Ganache-Ring auf die Böden spritzen. Die Ringe mit etwas Orangenmarmelade füllen und je 1 Schokoladenblättchen auflegen.

9 Die Küchlein mit einer Pralinentunkgabel vollständig mit temperierter Schokolade überziehen. Mit den Zinken der Gabel ein Muster in die Oberfläche drücken. Mit getrockneter Orangenschale bestreuen. Luftdicht verpackt etwa 1 Woche haltbar.

KUCHEN & PLÄTZCHEN

SCHOKOLADEN-MADELEINES

Frisch aus dem Ofen schmecken diese französischen Küchlein am allerbesten.

Ergibt etwa 20 Stück

- 15 g Edelbitter-Schokolade (70 % Kakaoanteil), grob gehackt
- 115 g weiche Butter, plus mehr für die Form
- 115 g Mehl, plus mehr für die Form
- 20 g Kakaopulver
- 3 g Backpulver
- 135 g Zucker
- 175 g Eigelb (von etwa 9 Eiern), verquirlt

1 Die Madeleine-Form leicht fetten und mit Mehl bestäuben. Die Schokolade in einer Schüssel im Wasserbad schmelzen und auf 45 °C erhitzen. Etwas abkühlen lassen. Die Butter schmelzen und ebenfalls etwas abkühlen lassen. Mehl, Kakaopulver und Backpulver zusammen in eine Schüssel sieben. Den Zucker untermischen. Die Mehlmischung zu den Eigelben geben und alles mit einem Holzlöffel zu einer glatten Masse verrühren. Nacheinander flüssige Butter und geschmolzene Schokolade vorsichtig unterziehen. Dabei möglichst keine Luft in den Teig einarbeiten. Den Teig mit Frischhaltefolie abdecken und an einem kühlen Ort mindestens 30 Minuten ruhen lassen.

2 Den Backofen auf 200 °C vorheizen. Die Masse in die Form füllen und im Ofen 12–15 Minuten backen, bis die Madeleines aufgegangen sind und die Oberfläche bei sanftem Druck zurückfedert. Aus der Form lösen und auf einem Kuchengitter etwas abkühlen lassen. Die restliche Masse ebenso backen.

Außerdem: 1 Madeleine-Form mit 12 Mulden *(Bezugsquellen siehe Seite 224)*.

»MOLLEAUX AU CHOCOLAT«

Diese zarten Küchlein mit flüssigem Kern werden in Frankreich gerne als Dessert serviert. Besonders lecker mit frischen Himbeeren oder Kirschen.

Ergibt 8–10 Stück

- 85 g Mehl
- 3 g Backpulver
- 100 g Edelbitter-Schokolade (63 % Kakaoanteil), grob gehackt
- 100 g Butter
- 75 g Zucker
- 100 g Eier (etwa 2 Stück)
- 15 g Kakaobruch

Außerdem: 2 Muffinformen aus Silikon mit je 6 Mulden *(Bezugsquellen siehe Seite 224)*.

1 Den Backofen auf 180 °C vorheizen. Aus Backpapier 10 Quadrate (à 12 x 12 cm) schneiden und 10 Mulden der Formen damit auslegen.

2 Mehl und Backpulver zusammen in eine Schüssel sieben. Die Schokolade in einer Schüssel im Wasserbad schmelzen und auf 45 °C erwärmen. In einer zweiten Schüssel Butter und Zucker schaumig schlagen. Nacheinander geschmolzene Schokolade und Eier einrühren. Zuletzt die Mehlmischung unterheben.

3 Die Masse in 8–10 Mulden füllen und großzügig mit Kakaobruch bestreuen. Im Backofen 16–18 Minuten backen, bis die Oberfläche der Küchlein bei sanftem Druck zurückfedert. Abkühlen lassen, dann mit dem Papier aus den Formen lösen.

SCHOKOLADENKUCHEN MIT FEIGEN

Feigen und Schokolade passen wunderbar zusammen. Deshalb ist es sehr verwunderlich, dass die beiden nicht häufiger miteinander kombiniert werden.

Ergibt etwa 20 Stück

Für das Feigenkompott:

½ Vanilleschote, längs aufgeschlitzt
200 g getrocknete Soft-Feigen, Stiel entfernt und in 1 cm große Würfel geschnitten
200 ml Rotwein
40 g Zucker
1 Prise frisch geriebene Muskatnuss
1 Zimtstange

Für die Kuchenmasse:

155 g Edelbitter-Schokolade (63 % Kakaoanteil), fein gehackt
65 g Mehl
80 g Kakaopulver
3 g Backpulver
150 g weiche Butter, plus mehr für die Form
215 g Zucker
310 g Eier (etwa 6 Stück), verquirlt
30 g Honig
120 g Sahne

Für die Dekoration:

100 g getrocknete Soft-Feigen, Stiele entfernt und in 1 cm große Würfel geschnitten
25 g Haselnusskerne, gehackt

1 Für das Feigenkompott das Mark aus der Vanilleschote schaben. Mark und Schote, Feigen, Rotwein, Zucker, Muskatnuss und Zimtstange in einen Topf geben. Aufkochen und bei schwacher Hitze 4–5 Minuten köcheln lassen. Abkühlen lassen und abgedeckt im Kühlschrank über Nacht ziehen lassen.

2 Die Feigen abseihen, dabei den Sud auffangen und anderweitig verwenden (z. B. um weiteres Obst zu dünsten). Vanilleschote und Zimtstange entfernen. Für die Kuchenmasse den Backofen auf 180 °C vorheizen. Etwas Butter schmelzen und die Mulden der Silikonflexmatte damit auspinseln. Die Schokolade in einer Schüssel im Wasserbad schmelzen und auf 45 °C erwärmen. Mehl, Kakaopulver und Backpulver zusammen in eine Schüssel sieben. Butter und Zucker in einer zweiten Schüssel schaumig schlagen. Eier und Honig langsam unterrühren. Die geschmolzene Schokolade zugeben und alles glatt verrühren.

3 Die Sahne auf etwa 45 °C erwärmen und unter die Kuchenmasse mischen. Zuletzt die Feigen und die Mehlmischung unterheben. Die Mulden der Form zu drei Vierteln mit Teig füllen. Zur Dekoration mit Feigenstückchen und Haselnüssen bestreuen.

4 Die Küchlein im Backofen 18–20 Minuten backen, bis sie aufgegangen sind und die Oberfläche bei sanftem Druck zurückfedert. Abkühlen lassen, dann aus den Formen lösen.

Außerdem: 1 Silikonflexmatte mit 25 Mulden (à 8 × 3 × 3 cm, *Bezugsquellen siehe Seite 224*).

SCHOKOLADEN-PISTAZIEN-KUCHEN

Schokolade und Pistazien harmonieren perfekt miteinander. Kakaobruch beschert dem Kuchen eine wunderbar knusprige Kruste.

Ergibt 2 Kuchen à 8–10 Stücke

Butter für die Formen
30 g Kakaobruch, fein gehackt

Für das Aprikosenkompott:
100 g getrocknete Soft-Aprikosen
100 ml Orangensaft
30 ml Kirschwasser

Für die Schokoladenmasse:
250 g Edelbitter-Schokolade (66 % Kakaoanteil), fein gehackt
250 g weiche Butter
175 g Zucker
200 g Eier (etwa 4 Stück), verquirlt
75 g Mehl

Für die Pistazienmasse:
60 g Butter
25 g Mehl
25 g Speisestärke
100 g Pistazienpaste *(siehe Seite 52)*
100 g Puderzucker
140 g Eier (etwa 3 Stück)
10 ml Kirschwasser

1 Für das Kompott die Aprikosen in 5 mm große Stücke schneiden. Die Stücke mit dem Orangensaft aufkochen. Abkühlen lassen und das Kirschwasser einrühren. Das Kompott abgedeckt über Nacht im Kühlschrank ziehen lassen.

2 Den Backofen auf 180 °C vorheizen. Die beiden Kastenformen mit Butter ausstreichen. Boden und Seitenwände mit Kakaobruch bestreuen.

3 Für die Schokoladenmasse die Schokolade in einer Schüssel im Wasserbad schmelzen und auf 45 °C erwärmen. Butter und Zucker schaumig schlagen. Die geschmolzene Schokolade zugeben und alles zu einer glatten Masse verrühren. Die Eier einzeln unterrühren. Zuletzt das Mehl darübersieben und unterheben.

4 Für die Pistazienmasse die Butter in einem Topf schmelzen und auf 39 °C abkühlen lassen. Mehl und Speisestärke zusammen in eine Schüssel sieben. In einer zweiten Schüssel die Pistazienpaste mit Puderzucker und Eiern etwa 5 Minuten schaumig schlagen. Die Mehlmischung unterheben. Bevor sie vollständig untergemischt ist, etwas Pistazienmasse abnehmen. Diese mit der flüssigen Butter und dem Kirschwasser in einer kleinen Schüssel verrühren. Die Mischung wieder unter die restliche Pistazienmasse heben.

5 In jede Kastenform etwa 300 g Schokoladenmasse füllen. Mit einer Palette sorgfältig gegen die Innenwände der Formen streichen. In die entstandene Mulde je 100 g Aprikosenkompott geben und mit je 175 g Pistazienmasse abdecken. Glatt streichen und die restliche Schokoladenmasse darauf verteilen.

6 Die Kuchen im Backofen 30–35 Minuten backen, bis die Oberfläche bei sanftem Druck zurückfedert. Zur Garprobe mit einem Holzstäbchen in die Kuchen stechen. Haftet beim Herausziehen kein Teig mehr daran, sind sie fertig *(siehe Seite 219)*. Die Kuchen leicht abgekühlt aus den Formen lösen und auf einem Kuchengitter vollständig abkühlen lassen.

Außerdem: 2 Kastenformen (je 20 cm lang, *Bezugsquellen siehe Seite 224*).

RUM-ROSINEN-KÜCHLEIN

Ein perfekter Nachmittagssnack. Das Geheimnis des fantastischen Geschmacks liegt darin, dass die Rosinen 12 Stunden in Rum baden dürfen.

Ergibt etwa 20 Stück

100 g Rosinen
45 ml dunkler Rum
100 g Edelbitter-Schokolade (65 % Kakaoanteil), fein gehackt
120 g weiche Butter, gewürfelt
60 g Eigelb (von etwa 3 Eiern)
65 g Mehl, gesiebt
90 g Eiweiß (von etwa 3 Eiern)
100 g Zucker

1 Die Rosinen in warmem Wasser waschen, damit sie den Rum besser aufnehmen. Rosinen und Rum in einer Schüssel mischen und abgedeckt und über Nacht ziehen lassen.

2 Den Backofen auf 180 °C vorheizen. Die Schokolade in einer Schüssel im Wasserbad schmelzen und auf 45 °C erwärmen. In einer zweiten Schüssel die Butter schaumig schlagen. Die geschmolzene Schokolade unterrühren und die Eigelbe langsam untermischen. Zuletzt Mehl und die Rumrosinen unterheben.

3 In einer weiteren Schüssel die Eiweiße aufschlagen. Dabei den Zucker langsam einrieseln lassen, die Geschwindigkeit erhöhen und steif schlagen. Zuerst ein Drittel Eischnee gleichmäßig unter die Schokoladenmasse mischen, dann den restlichen Eischnee vorsichtig unterheben.

4 Etwa 20 Mulden der Form zu je drei Vierteln mit Kuchenmasse füllen. Die Küchlein im Backofen 12–15 Minuten backen, bis sie aufgegangen sind und die Oberfläche bei sanftem Druck zurückfedert. Aus dem Ofen nehmen und abkühlen lassen. Dann aus der Form lösen.

Außerdem: 1 Mini-Muffinform aus Silikon mit 24 Mulden *(Bezugsquellen siehe Seite 224).*

BROWNIES MIT MARONEN & SESAM

Ein amerikanischer Klassiker japanisch interpretiert. Maronen ergänzen die Schokolade, Sesam gibt dem Gebäck einen nussigen Biss.

Ergibt etwa 12 Stück

70 g weiße Sesamsamen
170 g Edelbitter-Schokolade (70 % Kakaoanteil), fein gehackt
220 g weiche Butter, gewürfelt
300 g Zucker
200 g Eier (etwa 4 Stück)
1 g Salz
80 g Mehl, gesiebt
120 g gekochte, leicht gesüßte Maronen (Fertigprodukt), grob gehackt

Außerdem: 1 rechteckige Backform (28 × 22 × 4 cm, *Bezugsquellen siehe Seite 224*).

1 Den Backofen auf 180 °C vorheizen. Die Backform mit Backpapier auslegen. Die Sesamsamen in einer Pfanne bei mittlerer Hitze unter Rühren leicht rösten.

2 Die Schokolade in einer Schüssel im Wasserbad schmelzen und auf 45 °C erwärmen. Butter und Zucker in einer zweiten Schüssel schaumig schlagen. Nach und nach Eier und Salz unterrühren.

3 Die geschmolzene Schokolade dazugeben und alles zu einer glatten Masse verrühren. Mehl, Maronen und die Hälfte der Sesamsamen unterheben. Die Masse in die Form füllen und mit den restlichen Sesamsamen bestreuen.

4 Im Ofen etwa 30 Minuten backen, bis sich eine glänzende Kruste bildet, der Kuchen in der Formmitte aber noch wackelig ist. Abkühlen lassen, dann in quadratische Stücke schneiden.

FLORENTINER-VARIATION

Diese Kombination aus zartem Plätzchenboden und knusprigem Mandelbelag war lange eines der Lieblingsprodukte unserer Kunden in Richmond. Kakaobruch gleicht die Süße des Karamells perfekt aus.

Ergibt etwa 16 Stück

Für den Boden:
250 g Mehl, plus mehr zum Arbeiten
50 g Kakaopulver
185 g weiche Butter, gewürfelt
140 g Puderzucker
25 g Eier (etwa 1 Stück)
20 g gemahlene Mandeln

Für den Belag:
20 g Sahne
65 g weiche Butter
65 g Zucker
65 g Glukosesirup
80 g Mandelblättchen
50 g Kakaobruch

Außerdem: Backrahmen, eingestellt auf 11 × 35 cm *(Bezugsquellen siehe Seite 224).*

1 Für den Boden ein Backblech mit Backpapier belegen. Mehl und Kakaopulver zusammen in eine Schüssel sieben. In einer zweiten Schüssel Butter und Puderzucker schaumig schlagen.

2 Das Ei unterrühren und die trockenen Zutaten unterheben. Dabei nicht zu stark rühren. Den Teig zu einer Kugel formen und flach drücken. In Frischhaltefolie wickeln und mindestens 30 Minuten im Kühlschrank ruhen lassen.

3 Den Teig auf der leicht bemehlten Arbeitsfläche zu einem Rechteck (11 × 35 cm) ausrollen. Mit einer Gabel mehrmals leicht einstechen. So kann beim Backen Luft entweichen, und der Boden bleibt gleichmäßig flach. Die Teigplatte vorsichtig auf das Backblech legen und den Backrahmen darumlegen. Nochmals mindestens 30 Minuten kühl stellen.

4 Den Backofen auf 180 °C vorheizen. Für den Belag Sahne, Butter, Zucker und Glukosesirup aufkochen. Vom Herd nehmen und Mandelblättchen und Kakaobruch unterheben.

5 Den Boden im Backofen etwa 20 Minuten backen. Herausnehmen und den Belag gleichmäßig darauf verteilen. Die Ofentemperatur auf 200 °C erhöhen und den Kuchen nochmals 10 Minuten backen, bis der Belag sich goldgelb färbt. Leicht abkühlen lassen, den Backrahmen entfernen und in Quadrate (5,5 cm) schneiden.

SCHOKOLADEN-FINANCIERS MIT YUZU-GANACHE

Dank der Füllung aus mit Yuzu aromatisierter Ganache sind unsere Schokoladen-Financiers etwas extravaganter als es das Kleingebäck aus Mandelbiskuit traditionell ist. Die Schale der Yuzu können Sie auch durch Zitronen- oder Limettenschale ersetzen.

Ergibt etwa 12 Stück

Für die Financiers:
220 g Butter
20 g Edelbitter-Schokolade (66 % Kakaoanteil), fein gehackt
250 g Puderzucker
20 g Kakaopulver
80 g Mehl
240 g Eiweiß (von etwa 8 Eiern)
120 g gemahlene Mandeln
25 g Orangenmarmelade *(siehe Seite 126)*

Für die Yuzu-Ganache:
110 g Sahne
2 g abgeriebene Schale von 1 Bio-Yuzu *(siehe Seite 218,* oder von 1 Bio-Zitrone oder -Limette)
125 g Edelbitter-Schokolade (66 % Kakaoanteil), fein gehackt
15 g Butter

essbares Blattgold zum Dekorieren (nach Wunsch)

Außerdem: 1 Financiers-Form aus Silikon mit 12 ovalen Mulden, in deren Mitte jeweils eine kleine Erhöhung ist. So entsteht in der Oberfläche des Gebäcks eine Mulde für die Ganache *(Bezugsquellen siehe Seite 224).*

1 Für die Financiers den Backofen auf 180 °C vorheizen. Die Butter bei schwacher Hitze schmelzen und etwa 15 Minuten köcheln lassen, bis sie nussbraun ist. Dabei gelegentlich umrühren. Vom Herd nehmen und etwa 45 Minuten abkühlen lassen. Inzwischen die Schokolade in einer Schüssel im Wasserbad schmelzen und auf 45 °C erwärmen.

2 Puderzucker, Kakaopulver und Mehl zusammen in eine Schüssel sieben. Nacheinander Eiweiße, Mandeln, flüssige Butter, geschmolzene Schokolade und Orangenmarmelade unterheben. Alles zu einer glatten Masse verrühren.

3 Die Masse in die Mulden der Form füllen. Im Backofen 15–18 Minuten backen, bis die Küchlein aufgegangen sind und die Oberfläche bei sanftem Druck zurückfedert. Abkühlen lassen, dann aus der Form lösen.

4 Für die Ganache Sahne und Yuzu-Schale in einen Topf geben und aufkochen. Vom Herd nehmen und auf 70 °C abkühlen lassen. Die Schokolade in einer Schüssel im Wasserbad schmelzen und auf 45 °C erwärmen. Die Sahne langsam und vollständig unter die geschmolzene Schokolade rühren. Die Butter zufügen und die Masse glatt rühren.

5 Die Financiers mit Ganache füllen. Nach Wunsch noch mit Blattgold dekorieren. Die Ganache vor dem Servieren etwas fester werden lassen.

SCHOKOKUCHEN

Mit dunkler Schokolade zubereitet, ist dieser Kuchen wunderbar saftig.

Ergibt 2 Kuchen à 8–10 Stücke

200 g Edelbitter-Schokolade (70 % Kakaoanteil), gehackt
180 g Butter, gewürfelt, plus mehr für die Formen
125 g Eigelb (von etwa 6 Eiern)
225 g Zucker
200 g Eiweiß (von etwa 7 Eiern)
1 g Salz
100 g Mehl, gesiebt
75 g gemahlene Mandeln

1 Den Backofen auf 180 °C vorheizen. Die Backformen leicht mit Butter fetten und die Böden mit Backpapier belegen. Die Schokolade in einer Schüssel im Wasserbad schmelzen und auf 45 °C erwärmen. Die Butter in die flüssige Schokolade geben, schmelzen lassen und vollständig unterrühren.

2 In einer zweiten Schüssel Eigelbe und die Hälfte vom Zucker schaumig schlagen. Eiweiße mit Salz und restlichem Zucker in einer weiteren Schüssel steif schlagen. Die Eigelb-Zucker-Mischung unter die Schokolade rühren. Mehl und Mandeln vorsichtig unterziehen. Den Eischnee in zwei Portionen unterheben.

3 Die Masse in die Formen füllen. Im Ofen 10 Minuten backen. Sobald sich auf den Kuchen eine Haut bildet, die Oberfläche in der Mitte längs mit einem scharfen Messer einschneiden. Weitere 35 Minuten backen, bis die Oberfläche bei sanftem Druck leicht zurückfedert. Die Garprobe durchführen *(siehe Seite 219)*. Abkühlen lassen, dann aus den Formen lösen.

Außerdem: 2 Kastenformen (je 20 cm lang, *Bezugsquellen siehe Seite 224)*.

SHORTBREAD MIT SCHOKOLADE & MATCHA

Als Schotte kann ich dem traditionellen Shortbread nicht entsagen, und Suzue liebt japanischen Matcha. Kein Wunder also, dass wir beides kombinierten.

Ergibt etwa 25 Stück

185 g Mehl, gesiebt, plus mehr zum Arbeiten
125 g weiche Butter, gewürfelt
60 g Zucker
7 g Matcha (Grüntee-Pulver), plus mehr zum Dekorieren
500 g temperierte Edelbitter-Schokolade *(siehe Seiten 18–19)* zum Überziehen

1 Ein Backblech mit Backpapier belegen. Mehl, Butter, Zucker und Matcha in einer Schüssel verkneten, bis sich alles gerade zu einem Teig verbindet.

2 Den Teig auf der leicht bemehlten Arbeitsfläche etwa 5 mm dick ausrollen. In Quadrate (4 cm) schneiden und auf das Backblech legen. Mindestens 1 Stunde im Kühlschrank ruhen lassen.

3 Den Backofen auf 160 °C vorheizen. Die Plätzchen darin 20–25 Minuten backen, bis sich die Oberfläche goldgelb färbt. Auf einem Kuchengitter abkühlen lassen. Das Shortbread mit temperierter Schokolade überziehen und mit Matcha-Pulver bestreuen.

SCHOKOKÜCHLEIN MIT ZIMT-GANACHE

Zum Aromatisieren der Ganache verwenden wir Zimtstangen, keinen gemahlenen Zimt. So kann sich der Zimtgeschmack viel besser entfalten.

Ergibt 15 Stück

170 g Mehl
10 g Kakaopulver
160 g weiche Butter, gewürfelt
65 g Puderzucker
30 ml Milch

Für die Zimt-Ganache:
150 g Sahne
⅓ Zimtstange
125 g Edelbitter-Schokolade (66 % Kakaoanteil), fein gehackt
12 g weiche Butter, gewürfelt

1 Den Backofen auf 180 °C vorheizen. Ein Backblech mit Backpapier belegen. Mehl und Kakaopulver zusammen in eine Schüssel sieben. In einer zweiten Schüssel die Butter schaumig schlagen. Den Puderzucker unterrühren und erneut schaumig schlagen. Die Milch einrühren und die Mehlmischung unterheben.

2 Die Masse in einen Spritzbeutel mit 10 mm Lochtülle füllen und 30 Kreise (à 3,5 cm Ø) auf das Backblech spritzen. Die Kreise im Ofen 20 Minuten backen. Abkühlen lassen.

3 Für die Ganache Sahne und Zimtstange aufkochen. Vom Herd nehmen, mit Frischhaltefolie abdecken und 30 Minuten ziehen lassen. Die gehackte Schokolade in eine Schüssel geben. Die Sahne erneut aufkochen und durch ein Sieb über die Schokolade gießen. Alles mit einem Teigschaber zu einer glatten Masse verrühren. Die Butter unterrühren. Die Ganache 1 Stunde fest werden lassen. Dann in einen Spritzbeutel mit 10 mm Sterntülle füllen und bei der Hälfte der Küchlein eine Spirale auf die flache Seite spritzen. Mit den restlichen Küchlein zusammensetzen.

MÜRBES SCHOKOGEBÄCK

Dieses traditionelle Gebäck aus der Bretagne ist herrlich schokoladig, gehaltvoll und mürbe.

Ergibt 12 Stück

15 g Edelbitter-Schokolade (70 % Kakaoanteil), gehackt
250 g Butter
150 g Puderzucker, gesiebt
60 g Eigelb (von etwa 3 Eiern)
160 g Mehl, plus mehr zum Arbeiten
30 g Kakaopulver
50 g gemahlene Mandeln
2 g Meersalz
Eistreich (Mischung aus 20 g Ei, 6 ml Milch und 1 Prise Salz)

Außerdem: 12 Dessertringe (à 6 cm Ø, *Bezugsquellen siehe Seite 224*).

1 Die Schokolade in einer Schüssel im Wasserbad schmelzen. In einer zweiten Schüssel Butter und Puderzucker schaumig schlagen. Die geschmolzene Schokolade langsam unterrühren. Die Eigelbe ebenfalls einrühren. Mehl und Kakaopulver zusammen in eine weitere Schüssel sieben. Mandeln und Salz untermischen. Die Mehlmischung unter die Schokoladenmasse heben. Ein Backblech oder Tablett mit Mehl bestäuben. Den Teig daraufgeben und abgedeckt mindestens 2 Stunden im Kühlschrank ruhen lassen.

2 Den Backofen auf 150 °C vorheizen. Ein Backblech mit Backpapier belegen. Den Teig auf der leicht bemehlten Arbeitsfläche 1,5 cm dick ausrollen und 12 Kreise (à 6 cm Ø) ausstechen. Auf das Blech legen und je einen Dessertring darumlegen. Dünn mit Eistreich bepinseln und mit einer Gabel ein Kreuzmuster einritzen. Im Ofen 25–30 Minuten backen. Die Dessertringe vorsichtig lösen und die Plätzchen 10 Minuten weiterbacken.

CHOCOLATE-CHIP-COOKIES

Cookies sind bei Groß und Klein beliebt. Diese Variante wird besonders Erwachsenen schmecken.

Ergibt etwa 25 Stück

175 g Mehl
1,5 g Backpulver
1 g Salz
115 g weiche Butter, gewürfelt
100 g heller brauner Zucker
75 g Zucker
50 g Eier (etwa 1 Stück)
30 g Haselnusskerne, grob gehackt und leicht geröstet
85 g Walnusskerne, grob gehackt
200 g Edelbitter-Schokolade (70 % Kakaoanteil), fein gehackt

1 Den Backofen auf 180 °C vorheizen. Zwei Backbleche mit Backpapier belegen.

2 Mehl, Backpulver und Salz zusammen in eine Schüssel sieben. In einer zweiten Schüssel Butter und beide Zuckersorten schaumig schlagen. Das Ei vollständig unterrühren.

3 Mehlmischung, alle Nusskerne und die Schokolade untermischen. Jeweils 3,5 cm große Teighäufchen mit ausreichend Abstand auf die Backbleche setzen. Die Kekse im Ofen in 20–25 Minuten goldbraun backen. Herausnehmen und abkühlen lassen.

SCHOKOLADEN-KEKSE MIT KAKAOBRUCH

Statt Schokolade verwenden wir hier Kakaobruch. Er gibt den butterweichen Keksen einen knusprigen Biss und eine säuerlich-fruchtige Note.

Ergibt etwa 25 Stück

125 g weiche Butter, gewürfelt
125 g Zucker
¼ Vanilleschote, längs aufgeschlitzt
20 g Sahne
125 g Mehl
5 g Backpulver
125 g gemahlene Mandeln
50 g Kakaobruch
grober Zucker zum Dekorieren

1 Butter und Zucker schaumig schlagen. Das Mark aus der Vanilleschote schaben und mit der Sahne unterrühren. Mehl und Backpulver in eine Schüssel sieben. Mandeln und Kakaobruch untermischen. Die Mehlmischung unter die Buttermasse rühren. Den Teig in Frischhaltefolie wickeln und mindestens 1 Stunde im Kühlschrank ruhen lassen.

2 Den Backofen auf 180 °C vorheizen. Zwei Backbleche mit Backpapier belegen. Den Teig 4 mm dick ausrollen und in Quadrate (5 cm) schneiden. Diese mit mindestens 3 cm Abstand auf die Bleche legen. Im Ofen in 12–15 Minuten hellbraun backen. Herausnehmen, leicht mit grobem Zucker bestreuen und abkühlen lassen.

SCHOKOLADEN-SANDPLÄTZCHEN

Diese köstlichen Plätzchen verdanken ihren Namen ihrer wunderbar mürben Konsistenz. Sie schmecken besonders zu heißer Schokolade.

Ergibt etwa 25 Stück

150 g Mehl, plus mehr zum Arbeiten
20 g Kakaopulver
125 g weiche Butter, gewürfelt
75 g Puderzucker
10 g Eigelb (von etwa 1 Ei)
Eiweiß zum Bestreichen
grober Zucker zum Dekorieren

1 Mehl und Kakaopulver zusammen in eine Schüssel sieben. In einer zweiten Schüssel Butter und Puderzucker in 2–3 Minuten schaumig schlagen. Das Eigelb unterrühren.

2 Die Mehlmischung hinzufügen und untermischen, bis sich alles gerade zu einem Teig verbindet.

3 Ein Backblech oder einen Teller leicht mit Mehl bestäuben. Den Teig darauflegen und mit Frischhaltefolie abdecken. Im Kühlschrank 30 Minuten ruhen lassen.

4 Den Backofen auf 160 °C vorheizen. Ein Backblech mit Backpapier belegen. Den Teig zu einer langen Rolle formen. Rundum mit Eiweiß bepinseln und in grobem Zucker wälzen. Die Rolle in 1,5 cm dicke Scheiben schneiden und diese mit etwas Abstand auf das Blech legen.

5 Die Plätzchen im Ofen 15–20 Minuten backen. Abkühlen lassen.

SCHWARZ-WEISS-GEBÄCK

Zugegeben, die Zubereitung ist etwas aufwendig, aber dafür sehen die fertigen Plätzchen richtig klasse aus.

Ergibt etwa 25 Stück

Für den Vanilleteig:
¼ Vanilleschote, längs aufgeschlitzt
150 g weiche Butter, gewürfelt
75 g Puderzucker
25 g Eigelb (von etwa 1 Ei)
250 g Mehl, gesiebt, plus mehr zum Arbeiten

Für den Schokoladenteig:
140 g Mehl
15 g Kakaopulver
90 g weiche Butter, gewürfelt
45 g Puderzucker
15 g Eigelb (von etwa 1 Ei)

Eiweiß zum Bestreichen

1 Für den Vanilleteig das Mark aus der Vanilleschote schaben. Butter, Puderzucker und Vanillemark schaumig schlagen. Das Eigelb vollständig einrühren. Das Mehl unterheben, bis ein glatter Teig entsteht. In Frischhaltefolie wickeln und mindestens 1 Stunde im Kühlschrank ruhen lassen.

2 Für den Schokoladenteig Mehl und Kakaopulver zusammen in eine Schüssel sieben. In einer zweiten Schüssel Butter und Puderzucker schaumig schlagen. Das Eigelb einrühren. Die Mehlmischung unterheben, bis ein glatter Teig entsteht. Den Teig in Frischhaltefolie wickeln und mindestens 1 Stunde im Kühlschrank ruhen lassen.

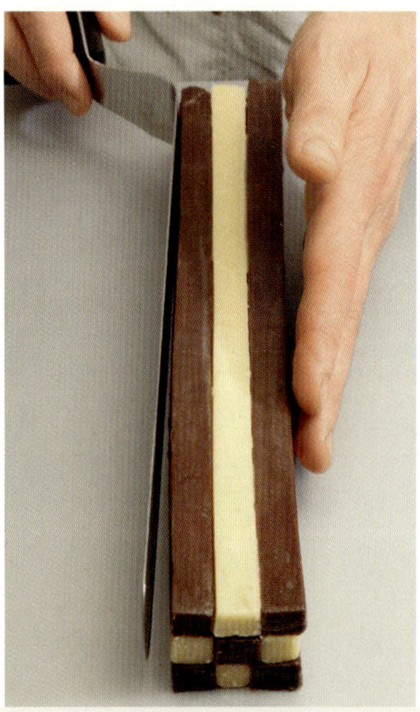

3 Vom Vanilleteig ein Viertel abnehmen und beiseitelegen. Den restlichen Vanilleteig und den Schokoladenteig getrennt je 1 cm dick ausrollen und in 1 cm breite Streifen schneiden. Einen Streifen Schokoladenteig auf der Arbeitsfläche leicht mit Eiweiß bestreichen. Einen Streifen Vanilleteig direkt danebenlegen und ebenfalls mit Eiweiß bestreichen. Einen weiteren Streifen Schokoladenteig an den Vanillestreifen anlegen und mit Eiweiß bestreichen.

4 So fortfahren und auf die erste Schicht noch zwei weitere Lagen Teigstreifen schichten. Dabei die Teigsorten pro Lage wechseln, sodass ein Teigblock mit Schachbrettmuster entsteht (drei Streifen breit und drei Streifen hoch).

5 Den restlichen Vanilleteig auf der leicht bemehlten Arbeitsfläche 3 mm dick und etwa 12,5 cm breit ausrollen. Die Ränder mit einem Messer begradigen. Die Teigplatte sorgfältig um den Teigblock wickeln. Dabei darauf achten, dass keine Lücken zwischen Teigplatte und Teigblock entstehen. Überstehenden Teig sauber abschneiden. Den fertigen Teigblock in Frischhaltefolie wickeln und mindestens 1 Stunde im Kühlschrank ruhen lassen.

6 Den Backofen auf 180 °C vorheizen. Ein Backblech mit Backpapier belegen. Den Teigblock in 1 cm dicke Scheiben schneiden und diese mit etwas Abstand aufs Blech legen. Im Ofen 18–20 Minuten backen, bis sie sich zart golden färben.

PATISSERIE

Gaston Lenôtre wurde in den 1960er-Jahren als Patissier der feinen Gesellschaft in Frankreich bekannt. Bis heute gilt er als Vorreiter der modernen Patisserie. Für seine Kreationen verwendete er weniger Fett und Zucker als bis dato üblich, setzte dafür aber Neuerungen wie Schnellfroster und Gelatine ein. So bereitete er sehr leichte Mousses zu und modernisierte die Patisserie der 1950er-Jahre.

Die Nouvelle Cuisine in den 1970er-Jahren hatte die Rückbesinnung auf einfache Zubereitungsarten und frischeste Zutaten zum Ziel. Lenôtre wird oft in einem Atemzug mit den Begründern dieser Bewegung genannt – obwohl seine Kreationen alles andere als schlicht waren. In meinen Augen ist er eine außergewöhnliche Persönlichkeit. Aus einfachen Verhältnissen kommend hat er Großartiges geschaffen – unter anderem eine der ersten »Marken« in der Welt der Gastronomie. Zudem hat er eine neue Generation von Patissiers ausgebildet und inspiriert – auch mich. Als ich jünger war, fuhr ich oft mit dem Nachtbus nach Paris, um dort die Auslagen seiner Geschäfte zu bewundern.

Bei den folgenden Rezepten haben wir die Mengenangaben so angepasst, dass Sie sie auch in Ihrer häuslichen Küche problemlos zubereiten können. Arbeiten Sie dabei aber wie in professionellen Küchen üblich: Ist Biskuitboden oder Teig übrig, frieren Sie Reste für eine andere Verwendung ein. Sirupe und Kompotte lassen sich in luftdicht schließenden Behältern im Kühlschrank lagern und gebackene Macarons tiefkühlen. Mousses jedoch sollten Sie immer erst kurz vor der jeweiligen Verwendung zubereiten. Sie werden sonst zu früh fest.

WILLIAM

DEKORATIONEN AUS SCHOKOLADE

Aus temperierter Schokolade lassen sich mit unterschiedlichen Techniken feine und formvollendete Dekorationen für außergewöhnliches Feingebäck und besondere Desserts herstellen. Auf den folgenden Seiten stellen wir einige dieser Techniken vor.

1

2

3

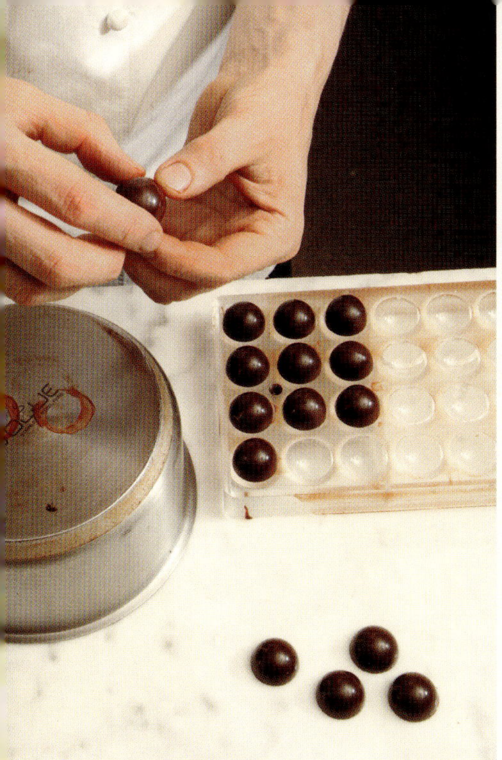

Schokoladenkugeln

1 Eine Pralinenform für kleine Halbkugeln *(Bezugsquellen siehe Seite 224)* reinigen und polieren. Die Mulden bis zum Rand mit temperierter Schokolade füllen. Überschüssige Schokolade mit einem breiten Spachtel von der Form streichen. Gegen die Form klopfen, damit Luftbläschen aus der Schokolade entweichen.

2 Die Form über der Schüssel mit temperierter Schokolade umdrehen. Mit dem Spachtel gegen den Boden (der jetzt nach oben zeigt) klopfen, damit überschüssige Schokolade zurück in die Schüssel fließt.

3 Die Form mit dem Boden nach oben auf ein Backpapier oder eine Silikonmatte legen. Die Halbkugeln an einem kühlen, trockenen Ort etwa 2 Stunden fest werden lassen.

4 Die Form leicht biegen und die Halbkugeln so herauslösen. Auf die saubere Arbeitsfläche legen.

5 Einen Topf auf dem Herd leicht erwärmen. Umdrehen und zwei Halbkugeln mit der Öffnung vorsichtig 1 Sekunde gegen den Topfboden halten. Sofort zu einer Kugel zusammensetzen. Zurück in die Form legen, damit sich die Kugeln nicht verschieben, und fest werden lassen.

Schokoladen-röllchen

1 Mit einer Winkelpalette eine dünne Schicht temperierte Schokolade auf die Marmor- oder Granit-Arbeitsfläche streichen. Kurz warten, bis sie fast fest ist.

2 Die Schokolade mit einem Metallspachtel in leichtem Winkel von der Arbeitsfläche schaben, sodass dünne, zigarrenähnliche Rollen entstehen.

3 Die Schokoladenröllchen einige Minuten auf der Arbeitsfläche liegen lassen, damit sie fest werden. Dann mit dem Metallspachtel aufnehmen.

Schokoladensegel

1 Einen Bogen Schokoladenfolie in Dreiecke schneiden. Mit der Palette eine dünne Schicht temperierte Schokolade auf die Dreiecke streichen. Kurz warten, bis die Schokolade fast fest geworden ist.

2 Die Dreiecke vorsichtig aus der Schokoladenschicht lösen und schräg in eine runde Terrinenform *(Bezugsquellen siehe Seite 224)* legen. An einem kühlen, trockenen Ort etwa 2 Stunden fest werden lassen. Die Schokolade zieht sich dabei zusammen. Vor der Verwendung die Folienstreifen von der Schokolade entfernen.

Tipp: Verwenden Sie für die Herstellung von Dekorationen stets temperierte Schokolade *(siehe Seiten 18–19)*.

ARBEITEN MIT SCHOKOLADENFOLIE

Außerdem: Pro Dekoration benötigen Sie 1 Streifen Schokoladenfolie (18 × 40 cm, *Bezugsquellen siehe Seite 224*).

Die Grundlage

Schokoladenringe

Den mit Schokolade bedeckten Folienstreifen vorsichtig von der Arbeitsfläche heben und mit der Schokolade nach innen um eine Plastikröhre legen. An einem kühlen, trockenen Ort mindestens 2 Stunden fest werden lassen. Dann Schokolade und Folie vorsichtig von der Röhre lösen (von Plastikoberflächen lässt sich Schokolade gut lösen). Die einzelnen dünnen Schokoladenringe vorsichtig voneinander trennen.

Einen Streifen Schokoladenfolie auf die saubere Arbeitsfläche legen. Eine kleine Menge temperierte Schokolade mit der Winkelpalette dünn und gleichmäßig darauf verstreichen. Mit einem Biskuitkamm von links nach rechts über den Streifen fahren und warten, bis die Schokolade fast fest geworden ist.

Schokoladenlocken

Den mit Schokolade bedeckten Folienstreifen vorsichtig von der Arbeitsfläche heben und um sich selbst drehen, sodass eine Spirale entsteht. Die Spirale zum Stabilisieren in eine runde Terrinenform (oder andere halb runde Form) legen und 2 Stunden trocknen lassen. Dann die einzelnen dünnen Schokoladenlocken vorsichtig von der Folie lösen und trennen.

Schokoladenwellen

Die Schokolade mit einem zweiten Streifen Schokoladenfolie abdecken. Die beiden Streifen mit der Schokolade in der Mitte zwischen zwei Lagen gewellten Kunststoff (aus dem Baumarkt) legen. An einem kühlen, trockenen Ort mindestens 2 Stunden fest werden lassen. Die Folien dann vorsichtig von der Schokolade abziehen und diese in einzelne dünne Wellen trennen.

Gespritzte Wellen

Aus einem Dreieck Backpapier einen kleinen Spritzbeutel falten. Etwa zur Hälfte mit temperierter Schokolade füllen. Ein knapp 1 mm großes Loch in die Spitze schneiden. Dünne Linien auf die Schokoladenfolie spritzen. Die Folie vorsichtig von der Arbeitsfläche heben und spiralförmig um sich selbst drehen. Die Spirale zum Stabilisieren in eine runde Terrinenform legen und 2 Stunden trocknen lassen. Die Folie dann vorsichtig entfernen.

WILLIAM
CURLEY
PATISSIER
CHOCOLATIER

FOLIENTECHNIK

1 Temperierte Schokolade auf einen Bogen Schokoladenfolie oder Transferfolie (mit Dekoration) geben und mit der Winkelpalette dünn darauf verstreichen. Fest werden lassen.

2 Ein Teigrad mit mehreren Klingen auf die gewünschte Größe einstellen und damit Quadrate in die beinahe feste Schokolade schneiden. Alternativ mit einem scharfen Messer Quadrate in der Schokolade markieren.

1

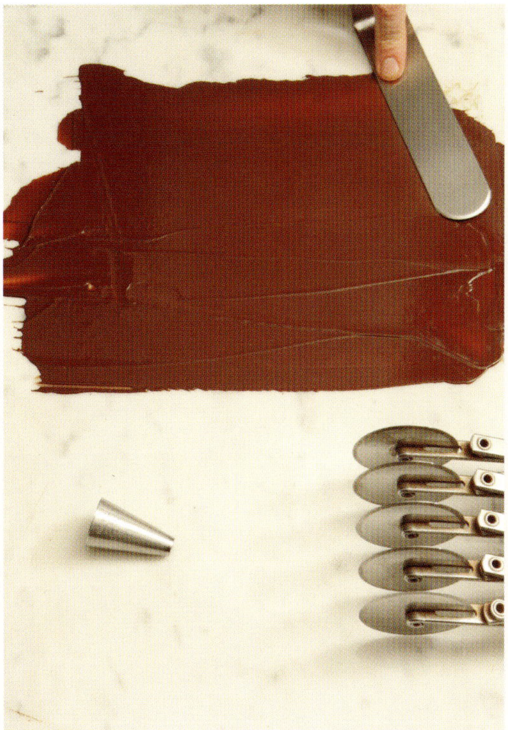

2

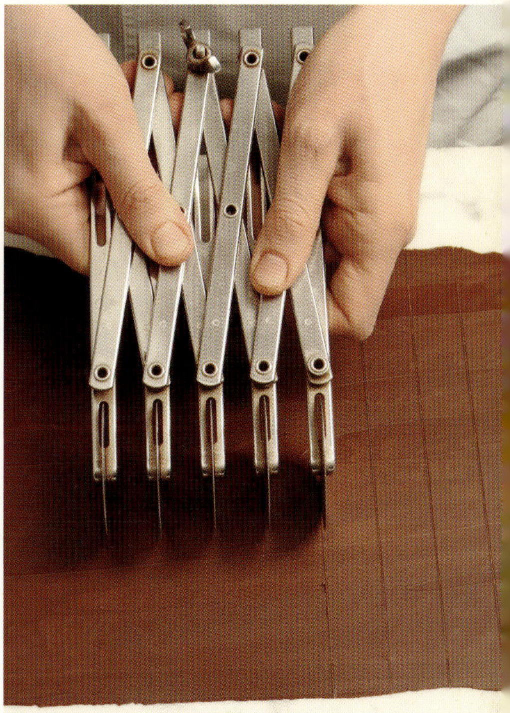

3

4

5

3 Mit der Spitze einer kleinen Lochtülle nach Wunsch zusätzlich Kreise aus der Mitte der Quadrate ausstechen.

4 Einen zweiten Bogen Schokoladenfolie auf die markierte Schokolade legen. Beide Folien zwischen zwei Backbleche legen, damit sich die Schokolade nicht wellt. An einem kühlen, trockenen Ort mindestens 2 Stunden fest werden lassen.

5 Vor der Verwendung beide Folien von der Schokolade lösen. Mit dieser Technik lassen sich auch Kreise für die Florentiner *(siehe Seite 100)* oder Rechtecke für das »Millionaire's Shortbread« *(siehe Seite 112)* oder beliebige andere Formen herstellen.

NUGATCREME

Nugat stammt ursprünglich aus Frankreich, wo er um 1730 erfunden wurde. Traditionell wird er aus Mandeln hergestellt. Heute verarbeitet man jedoch auch andere Nüsse, darunter Haselnuss- und Walnusskerne. Für unsere Nugatcreme verwenden wir Haselnüsse aus dem Piemont und Avola-Mandeln. Beide sind von hervorragender Qualität und besitzen einen vollen Geschmack ohne bittere Note.

Nugatcreme kommt in der Patisserie und Chocolaterie häufig zum Einsatz, zum Beispiel in Feingebäck, Pralinen, Kuchen, Eiscreme und Desserts.

Ergibt etwa 500 g

150 g blanchierte Haselnusskerne
150 g blanchierte Mandeln
250 g Zucker
10 ml Haselnussöl

1

2

3

1 Den Backofen auf 200 °C vorheizen. Ein Backblech mit Backpapier belegen. Nusskerne und Mandeln darauf verteilen und im Backofen in 8–10 Minuten hellbraun rösten. In einen Topf füllen.

2 Den Zucker bei mittlerer Hitze langsam unterrühren.

3 Unter Rühren 15–18 Minuten weitererhitzen, bis der Zucker zu bernsteinfarbenem Karamell verkocht ist.

4 Die karamellisierten Nusskerne auf einem mit Backpapier belegten Backblech oder einer Silikonmatte verteilen. Abkühlen lassen.

5 Die Karamellnüsse in Stücke brechen und in einen guten Standmixer geben (z. B. Thermomix, *Bezugsquellen siehe Seite 224*).

6 Das Haselnussöl zufügen und alles zu einer glatten Creme pürieren. Sofort verwenden oder in einen luftdicht schließenden Behälter füllen. So ist die Nugatcreme bis zu 1 Monat haltbar.

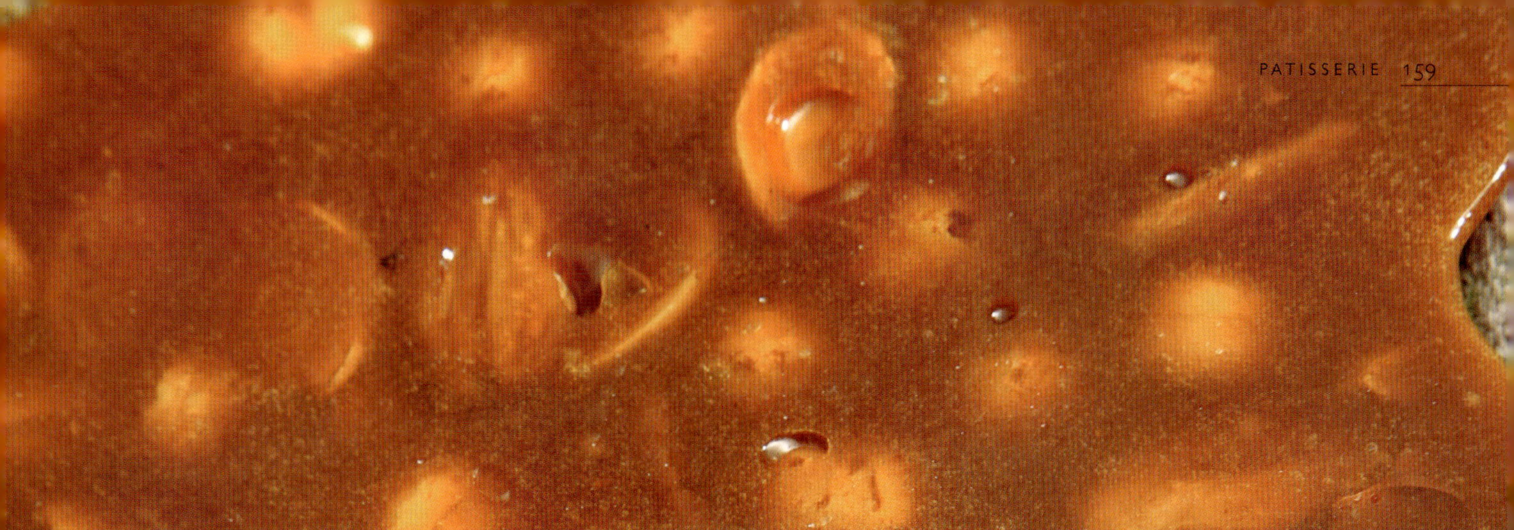

4

5

6

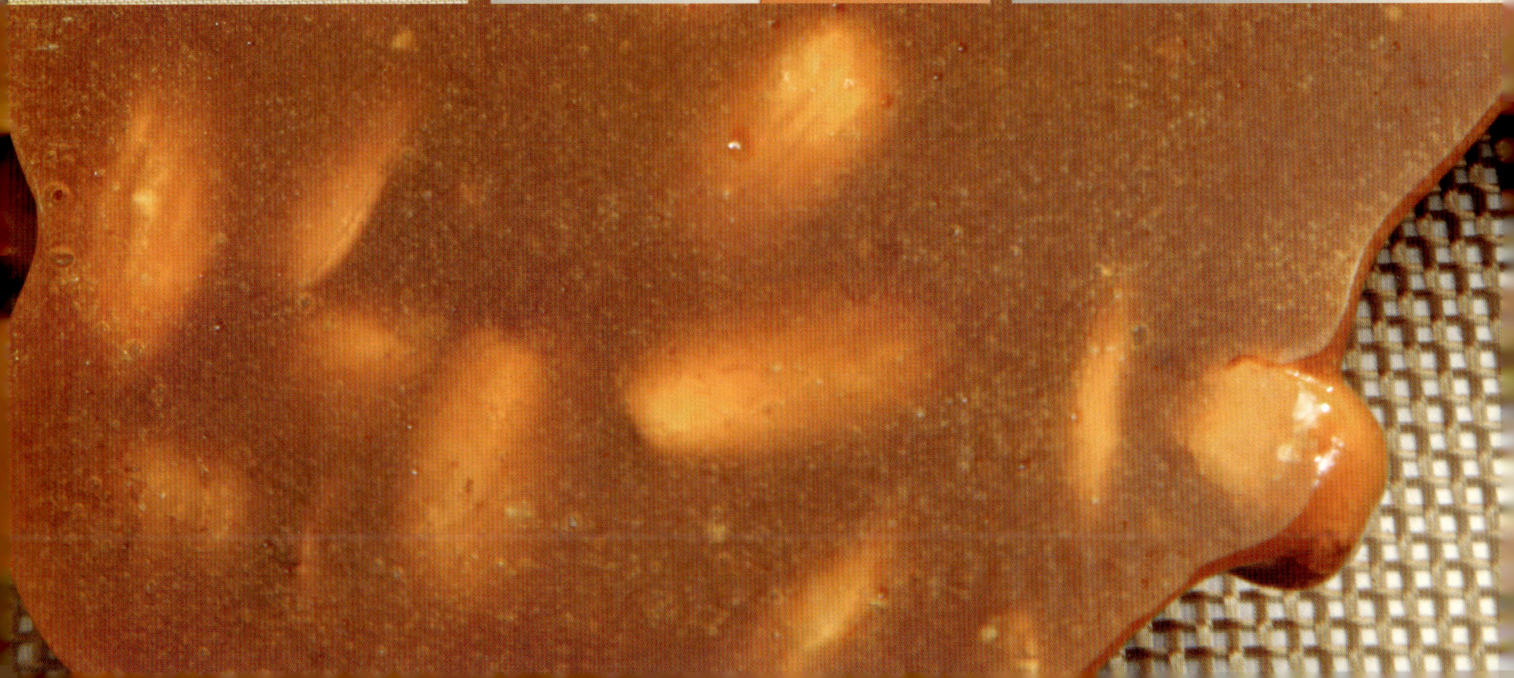

MOUSSE AU CHOCOLAT

Schokoladen-Mousse ist eine beliebte Füllung für Feingebäck. Sie schmeckt intensiv nach Schokolade, ohne jedoch übermäßig schwer zu sein. Daher ist sie auch Zutat für viele Rezepte in diesem Kapitel. Die erste Zubereitungsmethode eignet sich besonders gut für kleinere Mengen, die nach der zweiten Methode zubereitete Mousse ist etwas leichter.

Für 10–12 Portionen

150 ml Milch
60 g Eigelb (von etwa 3 Eiern)
30 g Zucker
320 g Edelbitter-Schokolade (66 % Kakaoanteil), fein gehackt
550 g Sahne

1

2

3

Methode 1

1 Die Milch aufkochen. Eigelbe und Zucker in einer großen Schüssel 2–3 Minuten schaumig schlagen.

2 Die Hälfte der heißen Milch sorgfältig unter den Eigelbschaum rühren.

3 Diese Mischung zur restlichen Milch in den Topf gießen. Alles unter kräftigem Rühren bei schwacher Hitze köcheln lassen, bis die Masse andickt. Zur Probe mit einem Löffel etwas Masse aufnehmen und einen Finger hindurchziehen. Die Masse sollte nicht sofort wieder in der Rille zusammenlaufen.

4 Den Topf vom Herd nehmen. Die Masse durch ein Sieb über die gehackte Schokolade gießen.

5 Alles mit einem Teigschaber zu einer glatten Masse verrühren. Abkühlen lassen.

6 In einer zweiten Schüssel die Sahne steif schlagen.

7 Die Schlagsahne vorsichtig unter die Schokoladenmasse heben.

4

5

7

Methode 2

300 g Edelbitter-Schokolade (63 % Kakaoanteil), fein gehackt
140 g Eigelb (von etwa 7 Eiern)
80 g Zucker
380 g Sahne

1 Die Schokolade in einer Schüssel im Wasserbad schmelzen und auf 45 °C erhitzen. Die Eigelbe mit dem Handrührgerät aufschlagen. Inzwischen den Zucker mit 40 ml Wasser aufkochen und köcheln lassen, bis er eine Temperatur von 121 °C erreicht hat. Den Sirup vorsichtig zu den Eigelben gießen, dabei mit dem Handrührgerät langsam weiterrühren. Die Masse dann hell und dickschaumig aufschlagen. Zur Probe etwas Masse mit einer Kelle aufnehmen. Sie soll in einem dicken Band in die Schüssel zurückfließen.

2 In einer zweiten Schüssel die Sahne steif schlagen. Unter die Schaummasse heben. Ein Viertel dieser Masse unter die geschmolzene Schokolade ziehen, den Rest vorsichtig unterheben. Die Mousse sofort verwenden.

»BABA AU RHUM« MIT SCHOKOLADE

Unsere Version dieses traditionell in Rum getränkten Hefekuchens schmeckt besonders aromatisch, denn wir tränken ihn zusätzlich in Schokoladensirup.

Ergibt 18 Stück

Für die Rumrosinen:
250 g Rosinen, abgespült und trocken getupft
150 ml dunkler Rum

Für den Teig:
60 ml Milch
½ Würfel Hefe (20 g)
230 g Mehl, gesiebt
20 g Zucker
1 g Salz
150 g Eier (etwa 3 Stück)
100 g weiche Butter, gewürfelt, plus mehr für die Formen

Für den Schokoladensirup:
375 g Zucker
50 g Kakaopulver
50 g Edelbitter-Schokolade (70 % Kakaoanteil), grob gehackt

Für die Crème Chantilly:
240 g Sahne
½ Vanilleschote, längs aufgeschlitzt
15 g Zucker

200 ml dunkler Rum zum Tränken

Tipps:
- Die Rumrosinen im Voraus zubereiten und bis zur Verwendung luftdicht verpackt aufbewahren.
- Für dieses Rezept brauchen Sie 18 sogenannte Canelle- oder Dariole-Formen *(Bezugsquellen siehe Seite 224)*.
- Die Babas lassen sich wunderbar tiefkühlen.

Für die Rumrosinen am Vortag:

1 Rosinen und Rum in einem luftdicht schließenden Behälter mischen und über Nacht ziehen lassen.

Für den Teig:

2 Die Milch auf etwa 30 °C erwärmen. (Die Milch darf nicht zu warm sein, sonst stirbt die Hefe ab). In eine Schüssel gießen und die Hefe hineinrühren, bis sie sich aufgelöst hat. 30 g Mehl unterrühren und die Schüssel mit einem Geschirrtuch abdecken. Den Vorteig an einem warmen Ort etwa 20 Minuten gehen lassen, bis er sein Volumen verdoppelt hat.

3 Restliches Mehl, Zucker und Salz in eine Rührschüssel geben und vermischen. Die Eier und den Vorteig hinzugeben und alles mit den Knethaken des Handrührgeräts bei niedriger Geschwindigkeit in etwa 10 Minuten zu einem glatten Teig verkneten. Alternativ den Teig von Hand kneten. Die Butterwürfel einzeln zum Teig geben und jeweils vollständig unterkneten. Den Teig nochmals an einem warmen Ort 30–45 Minuten abgedeckt gehen lassen, bis er sein Volumen verdoppelt hat.

4 Die Formen leicht ausfetten. Den Teig erneut durchkneten, damit die Gärgase entweichen. Dann mit einem Spritzbeutel in die Formen füllen, bis sie knapp über die Hälfte gefüllt sind. Den Teig in den Formen weitere 20–30 Minuten gehen lassen, bis er etwas mehr als randhoch ist. Inzwischen den Backofen auf 200 °C vorheizen.

5 Die Babas im Ofen 25 Minuten backen. Die Ofentemperatur dann auf 160 °C reduzieren und noch 12–15 Minuten weiterbacken. Herausnehmen und aus den Formen lösen. Die Babas sofort verwenden oder für eine spätere Verwendung tiefkühlen.

Fertigstellen & Servieren:

6 Für den Schokoladensirup den Zucker mit 450 ml Wasser in einem Topf aufkochen. Das Kakaopulver einrühren und wieder aufkochen. Den Sirup bei schwacher Hitze 2 Minuten köcheln lassen. Die Schokolade in eine Schüssel füllen. Den Sirup durch ein Sieb darübergießen und alles zu einer glatten Masse verrühren.

7 Den Schokoladensirup in eine flache Schale gießen. Die Babas hineinstellen und mit Sirup beträufeln, bis sie vollständig bedeckt sind und sich vollgesogen haben. Vorsichtig herausheben und zum Abkühlen auf einen Teller stellen. Jedes Küchlein mit 1 Esslöffel Rum beträufeln.

8 Für die Crème Chantilly die Sahne in eine Schüssel gießen. Das Mark aus der Vanilleschote schaben. Mit dem Zucker zur Sahne geben und diese steif schlagen. In einen Spritzbeutel mit Sterntülle füllen.

9 Zum Servieren jeweils 1 Löffel Rumrosinen auf einen Dessertteller geben. Je ein Baba vorsichtig mit einem Löffel daraufsetzen und mit einem Klecks Crème Chantilly dekorieren.

SCHOKOLADEN-TARTES

Meine erste Anstellung hatte ich in einem kleinen Restaurant in Schottland. Mein damaliger Chef Scott Lyall war ein hervorragender Ausbilder. Viele seiner Schützlinge haben Karriere gemacht. Scott war immer sehr an der aktuellen französischen Küche interessiert, probierte neue Rezepte aus und entwickelte sie weiter. Ich habe die Zeit bei ihm sehr genossen. Und ich habe ihm viel zu verdanken – auch das Rezept für diese feinen Tartes.

Ergibt 15–16 Stück

1 Rezept Haselnuss-Mandel-Teig *(siehe Seite 190)*, statt der gemahlenen Haselnusskerne jedoch weitere 50 g gemahlene Mandeln verwenden
⅔ Grundrezept Ganache *(siehe Seiten 22–23)*
1 Rezept Crème Chantilly *(siehe Seite 162)*
Dekorationen aus Schokolade *(siehe Seiten 152–157)* und essbares Blattgold zum Dekorieren

Für den Schokoladenbiskuit:
85 g Edelbitter-Schokolade (63 % Kakaoanteil), gehackt
40 g weiche Butter
25 g Eigelb (von etwa 1 Ei)
80 g Eiweiß (von etwa 3 Eiern)
40 g Zucker

Für den Schokoladenguss:
130 g Sahne
25 g Zucker
20 g Glukosesirup
125 g Edelbitter-Schokolade (63 % Kakaoanteil), gehackt

Tipps:
- Für die Tartes benötigen Sie 15–16 Tartelette-Formen (à 7 cm Ø, *Bezugsquellen siehe Seite 224*).
- Teig und Schokoladenbiskuit können im Voraus zubereitet und gut verpackt tiefgekühlt werden.

Für den Teig:

1 Den Teig zubereiten wie auf Seite 190 in Schritt 1 beschrieben. Die Tartelette-Formen damit auslegen. Überschüssigen Teig am Rand sauber abschneiden. Die Böden mindestens 30 Minuten im Kühlschrank ruhen lassen.

Für den Schokoladenbiskuit:

2 Inzwischen den Backofen auf 160 °C vorheizen. Die Schokolade in einer Schüssel im Wasserbad schmelzen und auf 45 °C erwärmen. Vom Wasserbad nehmen und die Butter unterrühren, bis eine glatte Masse entsteht. Das Eigelb vollständig einrühren.

3 Die Eiweiße aufschlagen. Den Zucker langsam einrieseln lassen und alles zu lockerem Eischnee aufschlagen. Ein Drittel Eischnee gründlich unter die Schokoladenmasse mischen, dann den Rest vorsichtig unterheben.

4 Ein Backblech mit Backpapier belegen. Die Biskuitmasse in einen Spritzbeutel mit 12 mm Lochtülle füllen und Kreise (3,5 cm Ø) auf das Backblech spritzen. Im Ofen 12–15 Minuten backen. Auf einem Kuchengitter vollständig abkühlen lassen.

Zum Backen der Tartes-Böden:

5 Die Ofentemperatur auf 180 °C erhöhen. Die Tartes-Böden mit Backpapier bedecken und die Formen mit getrockneten Hülsenfrüchten füllen. Im Ofen 15 Minuten blind backen. Backpapier und Hülsenfrüchte entfernen und die Böden in weiteren 10–12 Minuten goldbraun backen. Die Tartes-Böden auf einem Kuchengitter abkühlen lassen, dann aus den Formen lösen.

Für den Schokoladenguss:

6 Sahne, Zucker und Glukosesirup aufkochen. Die Schokolade in eine Schüssel füllen. Die heiße Sahne langsam unter Rühren darübergießen. Weiterrühren, bis die Schokolade geschmolzen und die Masse glatt ist.

Fertigstellen & Servieren:

7 Die Tartes-Böden zu einem Drittel mit Ganache füllen. Jeweils einen Schokoladenbiskuit darauflegen und mit Ganache bis knapp unter den Rand der Böden auffüllen. Die Tartes 20 Minuten im Kühlschrank ruhen lassen.

8 Auf jede Tarte vorsichtig eine dünne Schicht Schokoladenguss gießen und fest werden lassen. Die Crème Chantilly zubereiten. Nocken abstechen und auf die Tartes setzen. Die Tartes zuletzt mit Dekorationen aus Schokolade und Blattgold verzieren.

MILLEFEUILLE

Dies ist meine Interpretation des klassischen Tausendblätterkuchens.

Ergibt 12 Stück

1 Rezept Crème Patissier *(siehe* Crème Patissier mit Schokolade, *Seite 187)*, dabei Kakaopulver und Schokolade durch 80 g Mehl ersetzen
½ Rezept Crème Chantilly *(siehe Seite 162)*
Dekorationen aus Schokolade *(siehe Seiten 152–157)*

Für den Blätterteig:
250 g Mehl, plus mehr zum Arbeiten
250 g Mehl (Type 550)
8 g Salz
500 g Butter
225 ml Eiswasser
Puderzucker zum Bestäuben

Für die Crème Diplomate mit Schokolade:
250 ml Milch
½ Vanilleschote, längs aufgeschlitzt
60 g Eigelb (von etwa 3 Eiern)
75 g Zucker
20 g Mehl, gesiebt
20 g Kakaopulver
30 g Edelbitter-Schokolade (70 % Kakaoanteil), gehackt
150 g Sahne

Für die Karamelläpfel:
125 g Zucker
50 g flüssiger Honig
3 Äpfel, geschält, entkernt und in je 12 Spalten geschnitten
15 ml Sauternes (oder anderer Süßwein)

Für den Blätterteig:

1 Beide Mehlsorten mit dem Salz auf eine saubere Arbeitsfläche sieben. Die Butter zugeben und mit den Fingerspitzen in das Mehl reiben, bis eine krümelige Masse entsteht. Zwei Drittel vom Eiswasser zugießen und untermischen, bis sich alles gerade zu einem Teig verbindet. Das restliche Eiswasser untermischen (nicht kneten!), bis ein glatter Teig entsteht, in dem noch Butterflocken zu erkennen sind. Den Teig zu einer Kugel formen und flach drücken. In Frischhaltefolie wickeln und mindestens 20 Minuten im Kühlschrank ruhen lassen. Den Teig auf der leicht bemehlten Arbeitsfläche zu einem Rechteck (40 x 20 cm) ausrollen. Eine kurze Seite zu einem Drittel zur Teigmitte umklappen. Die andere kurze Seite darüberschlagen, sodass drei Lagen Teig entstehen. Das entstandene Rechteck um 90° drehen und wieder gleichmäßig ausrollen. Nochmals falten wie beschrieben. Den Teig in Frischhaltefolie wickeln und wieder 30 Minuten kühl stellen. Erneut ausrollen, falten und ruhen lassen wie beschrieben. Diesen Vorgang noch zweimal wiederholen. Den Teig zuletzt mindestens 1 Stunde kühl stellen.

Für Crème Diplomate und Äpfel:

2 Inzwischen für die Crème Milch und Vanilleschote aufkochen. Eigelbe und Zucker in einer Schüssel 2–3 Minuten schaumig schlagen. Mehl und Kakaopulver sorgfältig untermischen. Die Hälfte der heißen Milch zugießen und alles glatt verrühren. Die Eigelbmasse durch ein Sieb zur restlichen Milch in den Topf gießen. Unter Rühren aufkochen, dann bei schwacher Hitze 5 Minuten unter Rühren köcheln lassen. Vom Herd nehmen und die Schokolade unterziehen, bis sie vollständig geschmolzen ist. Die Crème in eine flache Schale gießen, mit Frischhaltefolie abdecken und abkühlen lassen.

3 Die Sahne steif schlagen. In einer zweiten Schüssel die abgekühlte Crème Diplomate aufschlagen, bis sie etwas heller und schön locker ist. Die Schlagsahne unterheben.

4 Für die Karamelläpfel ein Drittel vom Zucker in einem Topf erhitzen und karamellisieren lassen. Langsam den restlichen Zucker zufügen und ebenfalls erhitzen. Sobald dieser bernsteinfarben wird, den Honig zugeben. Den Karamell 2 Minuten weiterköcheln lassen. Die Apfelspalten hineinlegen. Bei schwacher Hitze 5–8 Minuten köcheln lassen, bis die Äpfel den Karamell aufgesogen haben und sich golden färben. Den Topf vom Herd nehmen, den Süßwein unterrühren und alles abkühlen lassen.

5 Zwei Backbleche mit Backpapier belegen. Den Teig auf der leicht bemehlten Arbeitsfläche halbieren. Jede Hälfte 5 mm dick ausrollen und auf ein Blech legen. Im Kühlschrank 30 Minuten ruhen lassen. Inzwischen den Backofen auf 200 °C vorheizen. Die Teigplatten mehrmals mit einer Gabel einstechen und großzügig mit Puderzucker bestreuen. Im Ofen in 25–30 Minuten goldbraun backen. Auf einem Kuchengitter abkühlen lassen.

Fertigstellen & Servieren:

6 Die Teigplatten mit einem Messer mit Wellenschliff in 36 Rechtecke (à 4 x 10 cm) schneiden. Die Crème Patissier mit einem Spritzbeutel (10 mm Lochtülle) in Streifen auf 12 Rechtecke auftragen. Die Apfelspalten aus dem Karamell nehmen und abtropfen lassen. Je 6 Spalten auf die Crème legen und mit einem Blätterteigstück abdecken. Die Crème Diplomate mit einem zweiten Spritzbeutel (12 mm Lochtülle) in Tupfen auf die zweite Lage Blätterteig spritzen. Mit einem dritten Blätterteigstück abdecken. Die fertigen Millefeuilles zuletzt mit je einer kleinen Rosette aus Crème Chantilly (10 mm Sterntülle) und mit Dekorationen aus Schokolade garnieren.

MONT-BLANC MIT SCHOKOLADE

Ihren Namen hat diese Süßspeise von den schneebedeckten Bergspitzen. Bei uns ist Suzue dafür bekannt, die köstlichsten Mont-Blancs zuzubereiten.

Ergibt 15 Stück

Für die Maronen-Mousse:
7 g Blattgelatine
65 g Zucker
175 g ungesüßtes Maronenpüree (Fertigprodukt)
30 ml dunkler Rum
300 g Sahne

Für die Schokoladen-Baisers:
(etwa 35 Stück)
20 g Kakaopulver, gesiebt
100 g gemahlene Mandeln
100 g Eiweiß (von 3–4 Eiern)
100 g Zucker

Für die Maronen-Rum-Buttercreme:
115 g weiche Butter
275 g Maronenpüree (Fertigprodukt)
20 ml dunkler Rum
45 g Eiweiß (von 1–2 Eiern)
90 g Zucker

Außerdem:
1 Rezept Crème Diplomate mit Schokolade *(siehe Seite 166)*
Kakaopulver
½ Rezept Crème Chantilly *(siehe Seite 162)*
kandierte Maronen (Fertigprodukt), geviertelt
Schokoladenröllchen *(siehe Seite 153)*

Für die Maronen-Mousse:

1 Die Gelatine in kaltem Wasser einweichen. Den Zucker mit 65 ml Wasser und dem Maronenpüree aufkochen. Vom Herd nehmen. Die Gelatine gut ausdrücken und in der heißen Masse auflösen. Die Maronenmasse fein pürieren und durch ein Sieb in eine Schüssel streichen. Abkühlen lassen, dann den Rum unterrühren. In einer zweiten Schüssel die Sahne steif schlagen und unter die Maronenmasse heben. Die Mousse in einem luftdicht schließenden Behälter im Kühlschrank 2–3 Stunden fest werden lassen.

Für die Schokoladen-Baisers:

2 Den Backofen auf 140 °C vorheizen. Zwei Backbleche mit Backpapier belegen. Kakaopulver und Mandeln in einer Schüssel mischen. In einer zweiten Schüssel die Eiweiße aufschlagen. Den Zucker unter Rühren einrieseln lassen und alles zu steifem Eischnee schlagen.

3 Die Mandelmischung unter den Eischnee heben. Die Masse in einen Spritzbeutel (14 mm Lochtülle) füllen und Kreise (à 5 cm Ø) mit etwa 3,5 cm Abstand auf das Blech spritzen. Im Ofen 35–40 Minuten backen. Auf einem Kuchengitter abkühlen lassen.

Für die Buttercreme:

4 Die Butter in einer Schüssel schaumig schlagen. Das Maronenpüree langsam unter Rühren zugeben. Alles zu einer gleichmäßigen Masse verrühren, dann den Rum untermischen. Die Eiweiße mit dem Zucker in einer Schüssel im Wasserbad aufschlagen und dabei auf 60 °C erhitzen. Aus dem Wasserbad nehmen und weiterschlagen, bis die Masse zu Eischnee wird und merklich abgekühlt ist. Diese Baiser-Masse unter den Maronenschaum rühren.

Fertigstellen & Servieren:

5 Je einen Schokoladen-Baiser auf einen kleinen Dessertteller setzen. Die Buttercreme mit einem Spritzbeutel (15 mm Lochtülle) jeweils als 4 cm große Kuppel in die Mitte der Baisers spritzen. Die Baisers 30 Minuten kalt stellen. Dann jeweils eine gleichmäßige Schicht aus Crème Diplomate mit Schokolade um die Buttercreme-Kuppeln streichen. Die Kuppeln dabei vollständig bedecken.

6 Die Maronen-Mousse in einen Spritzbeutel mit Spaghettitülle füllen. Über jede Kuppel drei sich kreuzende Lagen Mousse auftragen. Die Mont-Blancs zuletzt leicht mit Kakaopulver bestäuben und mit Crème Chantilly, kandierten Maronen und Schokoladenröllchen dekorieren.

Tipp:
- Sowohl die Baisers als auch die Buttercreme können Sie im Voraus zubereiten und dann bis zur Verwendung tiefkühlen.

BISKUITROULADE MIT SCHOKOLADE & APRIKOSEN

Biskuitrouladen sind einfach lecker – und in Japan gerade richtig trendy.

Ergibt 2 Rouladen à 6–7 Scheiben

Für den Schokoladenbiskuit:
175 g Eiweiß (von 5–6 Eiern)
175 g Zucker
210 g Eigelb (von 10–11 Eiern)
150 g Mehl, gesiebt
30 g Kakaopulver, gesiebt

Für die Aprikosen-Ganache:
500 g Aprikosenpüree (Fertigprodukt *ODER siehe* Johannisbeerpüree *Seite 124)*
100 g Zucker
25 ml Zitronensaft
300 g Edelbitter-Schokolade (63 % Kakaoanteil), fein gehackt

Für die Aprikosen-Mousse:
7 g Blattgelatine
210 g Aprikosenpüree (Fertigprodukt *ODER siehe* Johannisbeerpüree *Seite 124)*
50 g Zucker
300 g Sahne

Dekorationen aus Schokolade *(siehe Seiten 152–157)* und essbares Blattgold, zum Dekorieren

Tipp:
- Die fertigen Biskuitböden können problemlos tiefgekühlt werden.

Für den Schokoladenbiskuit:

1 Den Backofen auf 180 °C vorheizen. Zwei Backbleche (à 25,5 × 30 cm) mit Backpapier belegen. Die Eiweiße mit dem Zucker steif schlagen. In einer zweiten Schüssel die Eigelbe schaumig schlagen. Dann unter den Eischnee mischen. Mehl und Kakaopulver vorsichtig unterheben.

2 Die Masse vorsichtig auf den Backblechen verteilen und mit einer Palette glatt streichen. Im Ofen 18–20 Minuten backen, bis die Oberfläche des Biskuits bei sanftem Druck zurückfedert. Aus dem Ofen nehmen und je einen Bogen Backpapier auf die Biskuitböden legen. Auf einem Kuchengitter vollständig abkühlen lassen.

Für die Aprikosen-Ganache:

3 Aprikosenpüree und Zucker aufkochen. Den Zitronensaft einrühren und 2–3 Minuten weiterköcheln lassen. Die gehackte Schokolade in eine Schüssel füllen und das heiße Püree darübergießen. Alles vorsichtig glatt rühren. Die Ganache an einem kühlen, trockenen Ort abkühlen und fest werden lassen.

Für die Aprikosen-Mousse:

4 Die Gelatine in kaltem Wasser einweichen. Aprikosenpüree und Zucker aufkochen. Vom Herd nehmen. Die Gelatine gut ausdrücken und im heißen Püree auflösen. Auf etwa 40 °C abkühlen lassen.

5 Die Sahne steif schlagen und unter die Aprikosenmasse heben. Etwa 10 Minuten abkühlen lassen.

Fertigstellen & Servieren:

6 Die beiden Biskuitböden wenden, sodass das Backpapier, mit dem sie nach dem Backen bedeckt wurden, nun unten liegt. Die oben liegenden Bögen Backpapier vorsichtig abziehen.

7 Die abgekühlte Ganache vorsichtig auf den beiden Biskuitböden verteilen und mit einer Palette gleichmäßig verstreichen. Dabei jeweils an einer Längsseite einen 5 cm breiten Rand frei lassen. Die Aprikosen-Mousse auf der Ganache verstreichen. Die Rouladen jeweils von der Längsseite her, die bis an den Rand mit Ganache und Mousse bestrichen ist, straff aufrollen. Die Rouladen mit der Naht nach unten auf ein Blech oder einen Teller setzen und im Kühlschrank mindestens 2 Stunden fest werden lassen.

8 Die Schokoladen-Biskuitrouladen kurz vor dem Servieren aus dem Kühlschrank nehmen. Die Enden mit einem heißen, trockenen Messer sauber abschneiden. Die Rouladen in je 6–7 Scheiben schneiden. Die Scheiben mit Dekorationen aus Schokolade und Blattgold garnieren.

SCHOKOLADEN-FINANCIERS mit Maracuja-Curd

Der Maracuja-Curd ist inspiriert von der englischen Spezialität Lemon Curd, einer Creme aus Zitronen und Eiern.

Ergibt 15 Stück

Für den Maracuja-Curd:
1,5 g Blattgelatine
100 g Maracujapüree (Fertigprodukt)
200 g Eier (etwa 4 Stück)
90 g Zucker
90 g Butter
2 Maracujas

Für die Schokoladen-Financiers:
260 g Butter
20 g Edelbitter-Schokolade (66 % Kakaoanteil), gehackt
250 g Puderzucker, gesiebt
20 g Kakaopulver, gesiebt
125 g gemahlene Mandeln
85 g Mehl, gesiebt
240 g Eiweiß (von etwa 8 Eiern)
25 g Orangenmarmelade

Für das Mangokompott:
90 g Zucker
7 g frisch geriebener Ingwer
1 große Mango (etwa 150 g)
Schale und Saft von 1 Bio-Limette

Für die Maracuja-Glasur:
½ Vanilleschote, längs aufgeschlitzt
250 g Maracujapüree (Fertigprodukt)
20 g Zucker
3 g Blattgelatine

Für den Rumsirup:
170 g Zucker
½ Vanilleschote, längs aufgeschlitzt
150 ml dunkler Rum

Dekorationen aus Schokolade *(siehe Seiten 152–157)* und essbares Blattgold, zum Verzieren

Für den Maracuja-Curd:

1 Eine Silikonform für 15 Halbkugeln (à 4,5 cm) auf ein Backblech stellen. Die Gelatine in kaltem Wasser einweichen. Das Maracujapüree aufkochen. Inzwischen Eier und Zucker schaumig schlagen. Die Hälfte des warmen Pürees gleichmäßig unterziehen. Die Mischung durch ein Sieb zum übrigen Püree in den Topf streichen. Alles bei schwacher Hitze 3–4 Minuten köcheln lassen. Vom Herd nehmen. Die Gelatine gut ausdrücken. Mit der Butter in der warmen Maracujamasse auflösen. Die Maracujas halbieren und die Kerne einrühren. Die Masse in die Mulden der Form füllen und mindestens 2–3 Stunden tiefkühlen.

Für die Schokoladen-Financiers:

2 Die Butter schmelzen und etwa 10 Minuten weiterköcheln lassen, bis sie hellbraun ist. Auf 40 °C abkühlen lassen. Inzwischen die Schokolade in einer Schüssel im Wasserbad schmelzen. Puderzucker, Kakaopulver, Mandeln und Mehl in einer Schüssel mit den Eiweißen vermischen. Die gebräunte Butter und die geschmolzene Schokolade zugießen und alles zu einer glatten Masse verrühren. Die Marmelade unterziehen. Die Masse in einem luftdicht verschlossenen Behälter 20 Minuten abkühlen lassen. Inzwischen den Ofen auf 180 °C vorheizen. Die Financiers-Masse mit einem Spritzbeutel in 15 Financiers-Formen füllen. Im Ofen etwa 15 Minuten backen. Abkühlen lassen.

Für das Mangokompott:

3 Zucker, geriebenen Ingwer und 150 ml Wasser in einen Topf geben und aufkochen. Inzwischen die Mango waschen, schälen, entkernen und in 1 cm große Würfel schneiden. Die Mangowürfel zusammen mit Schale und Saft der Limette in den Zuckersirup geben und 2–3 Minuten darin köcheln lassen. Vom Herd nehmen und abkühlen lassen. Gut verschlossen bis zur weiteren Verwendung in den Kühlschrank stellen.

Für Glasur & Rumsirup:

4 Für die Glasur das Mark aus der Vanilleschote schaben. Mark und Schote mit dem Maracujapüree in einen Topf geben. Aufkochen und auf die Hälfte reduzieren lassen. Vom Herd nehmen und den Zucker unterrühren. Die Gelatine in kaltem Wasser einweichen. Gut ausdrücken und in der warmen Masse auflösen. Die Maracujamasse durch ein feines Sieb streichen, dabei die Vanilleschote entfernen. Abkühlen lassen.

5 Für den Rumsirup Zucker, Vanilleschote und 180 ml Wasser aufkochen. Vom Herd nehmen und abkühlen lassen. Den Rum einrühren und den Sirup bis zur Verwendung gut verschlossen im Kühlschrank aufbewahren.

Fertigstellen & Servieren:

6 Die Böden der Financiers mit einem Messer begradigen. Die Küchlein in den Rumsirup tauchen. Die Financiers mit dem Mangokompott füllen. Die Glasur vorsichtig auf 40 °C erwärmen und schmelzen lassen. Dann wieder auf 26–28 °C abkühlen lassen. Die gefrorenen Maracuja-Curd-Halbkugeln in die Glasur tauchen und auf die Mangowürfel setzen. Im Kühlschrank in etwa 30 Minuten vollständig auftauen lassen. Die Financiers zum Servieren mit Dekorationen aus Schokolade und Blattgold verzieren.

SACHER-SCHNITTEN MIT ORANGE

Das von Franz Sacher 1832 kreierte Rezept ist längst ein beliebter Klassiker. In Österreich ist der berühmten Torte sogar ein eigener Tag gewidmet (5. Dezember). Heute haben die meisten Konditoreien Sachertorte in ihrem Sortiment, das Originalrezept jedoch ist noch immer ein streng gehütetes Geheimnis. Unsere Hommage an die Sachertorte trägt einige sehr moderne Züge: Während die Torte traditionell mit Aprikosenkonfitüre umhüllt und mit Schlagsahne serviert wird, bereiten wir unsere Sacher-Schnitten mit Orangenmarmelade und Ganache sowie einer Lage aus sahniger Mousse au Chocolat zu.

Ergibt etwa 16 Schnitten

1 Rezept Mousse au Chocolat (nach Methode 1, *siehe Seite 160*)

Für den Sacher-Biskuit:
50 g gemahlene Mandeln
50 g Zucker
75 g Eiweiß (von 2–3 Eiern)
60 g Puderzucker
40 g Eier (etwa 1 Stück)
50 g Eigelb (von 2–3 Eiern)
25 g Edelbitter-Schokolade (70 % Kakaoanteil), fein gehackt
25 g Butter
25 g Mehl, gesiebt
15 g Kakaopulver, gesiebt

Für den Schokoladenbiskuit:
100 g Butter
25 g Mehl, gesiebt
25 g Speisestärke
30 g Kakaopulver
200 g Eier (etwa 4 Stück)
50 g Eigelb (von 2–3 Eiern)
80 g Zucker

Für die Orangenmarmelade:
Schale von 2 Bio-Orangen
400 g Fruchtfleisch von Bio-Orangen (3–4 kleine Früchte), weiße Haut entfernt und in Stücke gehackt
120 ml Orangensaft
330 g Gelierzucker

Für den Orangenlikör-Sirup:
170 g Zucker
½ Vanilleschote, längs aufgeschlitzt
150 ml Orangenlikör

Für die Orangen-Ganache:
75 g Edelbitter-Schokolade (65 % Kakaoanteil), gehackt
75 g Milchschokolade, fein gehackt
200 ml Orangensaft
20 g Zucker
25 g Butter, gewürfelt

Für die Orangen-Schokoladen-Glasur:
6 g Blattgelatine
500 ml Orangensaft
½ Vanilleschote, längs aufgeschlitzt
40 g Zucker
50 g Edelbitter-Schokolade (70 % Kakaoanteil), fein gehackt

Außerdem:
Dekorationen aus Schokolade (*siehe Seiten 152–157*)
essbares Blattgold (nach Wunsch)

Tipps:
- Für dieses Rezept benötigen Sie 2 Mousse- oder Backrahmen (à 37 × 9 × 4 cm, *Bezugsquellen siehe Seite 224*).
- Beide Biskuits können Sie im Voraus zubereiten und tiefkühlen.

Für den Sacher-Biskuit:

1 Den Backofen auf 180 °C vorheizen. Ein Backblech (25,5 × 30 cm) mit Backpapier belegen. Mandeln, Zucker und 20 g Eiweiß in einer Schüssel verrühren. Langsam 30 g Puderzucker untermischen. Eier und Eigelbe zugeben und alles in 4–5 Minuten zu einer hellen und gleichmäßigen Masse schlagen. Die restlichen Eiweiße in einer zweiten Schüssel aufschlagen. Den restlichen Puderzucker einrieseln lassen und steif schlagen.

2 Die Schokolade in einer Schüssel im Wasserbad schmelzen. Aus dem Wasserbad nehmen und die Butter unterrühren. Dann nacheinander die Mandelmischung, Mehl und Kakaopulver unterrühren. Zuletzt den Eischnee unterheben. Die Masse mit einer Palette gleichmäßig auf dem Backblech verstreichen. Im Ofen 15 Minuten backen, bis die Oberfläche des Biskuits bei sanftem Druck zurückfedert. Auf einem Kuchengitter auskühlen lassen.

Für den Schokoladenbiskuit:

3 Den Backofen auf 180 °C vorheizen. Zwei Backbleche (à 25,5 × 30 cm) mit Backpapier belegen. Die Butter schmelzen. Mehl, Speisestärke und Kakaopulver in einer Schüssel vermischen. In einer zweiten großen Schüssel Eier, Eigelbe und Zucker im Wasserbad auf 40 °C erhitzen. Dabei aufschlagen, bis eine schaumige Masse entsteht, die in dicken Bändern vom Schneebesen läuft.

Fortsetzung auf Seite 176

Sacher-Schnitten mit Orange

Fortsetzung

4 Eine kleine Menge dieser Schaummasse mit der flüssigen Butter verrühren. Unter die restliche Schaummasse vorsichtig zwei Drittel der Mehlmischung heben. Die Buttermasse unterziehen und dann das letzte Drittel Mehlmischung unterheben, bis eine glatte Masse entsteht. Diese auf die beiden Backbleche verteilen und gleichmäßig verstreichen. Im Ofen 12–15 Minuten backen, bis die Oberfläche des Biskuits bei sanftem Druck zurückfedert. Den Biskuit auf einem Kuchengitter auskühlen lassen.

Für die Orangenmarmelade:

5 Orangenschale, Orangenfruchtfleisch, Orangensaft und Gelierzucker aufkochen. Die Mischung 5 Minuten köcheln lassen. In einen Standmixer füllen und in etwa 5 Minuten zu einer glatten Masse pürieren. Das Püree wieder in den Topf gießen und erneut aufkochen. Bei schwacher Hitze 3–4 Minuten köcheln lassen. Vom Herd nehmen und abkühlen lassen.

Für den Orangenlikör-Sirup:

6 Den Zucker mit 180 ml Wasser in einen Topf geben. Das Mark aus der Vanilleschote schaben. Mark und Schote dazugeben. Alles aufkochen, dann abkühlen lassen. Den Orangenlikör einrühren. Den Sirup zuletzt durch ein Sieb gießen und die Vanilleschote dabei entfernen.

Für die Orangen-Ganache:

7 Beide Schokoladensorten in eine große Schüssel geben. Den Orangensaft aufkochen und köcheln lassen, bis er auf etwa 90 ml reduziert ist. Den Zucker einrühren und erneut aufkochen, bis der Zucker sich auflöst. Den heißen Saft langsam unter Rühren über die Schokolade gießen. Alles zu einer glatten Masse verrühren. Zuletzt die Butterwürfel unterheben.

Für die Glasur:

8 Die Gelatine in kaltem Wasser einweichen. Den Orangensaft in einen Topf füllen. Das Mark aus der Vanilleschote schaben. Mark und Schote zum Saft geben. Den Saft aufkochen und köcheln lassen, bis er um die Hälfte auf etwa 250 ml reduziert ist. Den Zucker zufügen und erneut aufkochen, bis er sich auflöst. Den Saft vom Herd nehmen. Die Gelatine ausdrücken und im warmen Orangensaft auflösen. Die gehackte Schokolade in eine Schüssel füllen. Den warmen Saft durch ein Sieb darübergießen. Alles zu einer glatten Masse verrühren. Sofort verwenden oder alternativ in einen luftdicht schließenden Behälter füllen und bis zur Verwendung im Kühlschrank aufbewahren.

Fertigstellen & Servieren:

9 Die beiden Rahmen *(siehe Tipps Seite 175)* auf Backbleche oder Tabletts stellen. Den Sacher-Biskuit in zwei, den Schokoladenbiskuit in vier rahmengroße Rechtecke schneiden. Dabei eventuell mehrere Biskuitstücke zur entsprechenden Größe zusammensetzen.

10 Den Boden der Rahmen jeweils mit einer Lage Sacher-Biskuit auslegen. Mit Orangenlikör-Sirup tränken. Die Orangen-Ganache auf den beiden Böden verteilen und gleichmäßig verstreichen. Die Böden 10 Minuten kalt stellen. Dann je ein Viertel der Mousse au Chocolat auf der Orangen-Ganache verteilen. Darauf eine Lage Schokoladenbiskuit geben und mit Sirup tränken. Wieder 10 Minuten kalt stellen. Jeweils die Hälfte der Orangenmarmelade auf dem Biskuit verstreichen und je eine weitere Lage Schokoladenbiskuit auflegen. Wieder mit Sirup tränken und 10 Minuten kalt stellen. Die restliche Mousse au Chocolat auf den Biskuits verteilen und mit der Palette glatt streichen. Die Torten über Nacht tiefkühlen.

11 Die Rahmen entfernen. Die Glasur bei Bedarf vorsichtig erwärmen und großzügig auf den Sachertorten verteilen. Etwa 1 Stunde fest werden lassen, dann die Ränder sauber abschneiden und die Torten in 4 cm große Schnitten schneiden. Auf Dessertteller setzen und mit Dekorationen aus Schokolade und nach Wunsch noch mit Blattgold garnieren.

SCHWARZWÄLDER KIRSCHTORTE

Dieser Klassiker verdankt seinen Namen dem aus dem Schwarzwald stammenden Kirschwasser, mit dem die Torte traditionell getränkt wird. Besonders populär war diese Torte in den 1970er-Jahren. Heute fragen meist nur noch die älteren Generationen danach. Aber ich liebe es, überholten Klassikern neues Leben einzuhauchen und sie durch kleine Veränderungen wieder auf die Höhe der Zeit zu bringen. Das folgende Rezept stammt aus meiner Zeit im Restaurant »The River« unter Anton Edelmann. Auch hier gilt mein Leitsatz: Nur mit besten Zutaten entstehen hervorragende Torten.

Ergibt 4 kleine Torten à 4–6 Stücke

½ Rezept Schokoladenbiskuit *(siehe Seite 175)*
1 Rezept Mousse au Chocolat (nach Methode 1, *siehe Seite 160)*
1 Rezept Kirschsirup *(siehe Seite 193)*

Für den saftigen Biskuit:
45 g Edelbitter-Schokolade (65 % Kakaoanteil), gehackt
50 g Puderzucker
20 g Kakaopulver
110 g gemahlene Mandeln
10 g Speisestärke
85 g Zucker
90 ml Milch
55 g Eigelb (von etwa 3 Eiern)
160 g Eiweiß (von etwa 8 Eiern)

Für die weiße Schokoladen-Mousse:
8 g Blattgelatine
140 ml Milch
½ Vanilleschote, längs aufgeschlitzt
175 g weiße Schokolade, fein gehackt
50 ml Kirschwasser
200 g Sahne

Tipps:
- Für dieses Rezept benötigen Sie 4 runde Silikonformen (à 14,5 ∅, Oberfläche nach Wunsch mit Motiv) und eine Airbrushpistole *(Bezugsquellen siehe Seite 224)*.
- Beide Biskuits können Sie im Voraus zubereiten und tiefkühlen.
- Die übrigen Komponenten erst kurz vor der Verwendung zubereiten.

Für das Kirschkompott:
12 g Pektinpulver
35 g Zucker
200 g Kirschen (frisch oder tiefgekühlt), entsteint und grob gehackt
100 g Kirschpüree (Fertigprodukt *ODER siehe* Johannisbeerpüree *Seite 124)*
¼ Zimtstange

Außerdem:
1 Rezept Schokoladen-Kakaobutter-Lösung *(siehe Seite 29)*
Dekorationen aus Schokolade *(siehe Seiten 152–157)*
eingelegte Sauerkirschen (»Griottes«, *Bezugsquellen siehe Seite 224)*
essbares Blattgold (nach Wunsch)

Für den saftigen Biskuit:

1 Den Backofen auf 180 °C vorheizen. Ein Backblech mit Backpapier belegen. Die Schokolade in einer Schüssel im Wasserbad schmelzen und auf 45 °C erhitzen. Puderzucker und Kakaopulver in eine zweite Schüssel sieben. Die Mandeln untermischen.

2 Speisestärke und 30 g Zucker in einem Topf mischen und mit der Milch glatt rühren. Bei schwacher Hitze unter Rühren etwa 2 Minuten köcheln lassen, bis die Masse andickt. Vom Herd nehmen. Zuerst die Eigelbe, dann die Hälfte der geschmolzenen Schokolade einrühren. Alles zu einer glatten Masse verrühren und die restliche Schokolade gleichmäßig unterheben.

3 Die Eiweiße in einer großen Schüssel aufschlagen. Den restlichen Zucker langsam einrieseln lassen und zu festem Eischnee schlagen. Den Eischnee unter die Schokoladenmasse heben. Die Mandelmischung unterziehen. Die Masse in einen Spritzbeutel mit 12 mm Lochtülle füllen und spiralförmig 4 Kreise (à 15 cm ∅) auf das Backblech spritzen. Im Ofen etwa 15 Minuten backen, bis die Masse an den Rändern fest ist. Auf einem Kuchengitter abkühlen lassen.

Für die weiße Schokoladen-Mousse:

4 Die Gelatine in kaltem Wasser einweichen. Die Milch in einen Topf gießen. Das Mark aus der Vanilleschote schaben. Mark und Schote zur Milch geben und aufkochen. Vom Herd nehmen. Die Gelatine ausdrücken und in der heißen Milch auflösen. Die weiße Schokolade in eine Schüssel füllen. Die Milch durch ein Sieb darübergießen. Verrühren, bis die Schokolade geschmolzen und eine glatte Masse entstanden ist. Das Kirschwasser unterrühren. Die Masse beiseitestellen, bis sie etwas fester wird. Dabei gelegentlich umrühren.

Fortsetzung auf Seite 178

Schwarzwälder Kirschtorte

Fortsetzung

5 Die Sahne aufschlagen und unter die Schokoladenmasse heben. Die Mousse in einen luftdicht verschlossenen Behälter im Kühlschrank mindestens 1 Stunde fest werden lassen.

Für das Kirschkompott:

6 Pektinpulver und Zucker in einer Schüssel vermischen. Kirschen, Kirschpüree und Zimtstange in einem Topf aufkochen. Die Pektinmischung einrühren und alles bei schwacher Hitze 2–3 Minuten köcheln lassen. Vom Herd nehmen und abkühlen lassen.

Fertigstellen & Servieren:

7 Aus dem Schokoladenbiskuit vier Kreise (à 12 cm Ø) ausstechen. Die vier Silikonformen *(siehe Tipps Seite 177)* jeweils zu einem Viertel gleichmäßig mit Mousse au Chocolat füllen. Die Mousse mit einer kleinen Palette sorgfältig glatt streichen. Die Formen 10 Minuten in den Gefrierschrank stellen und anfrieren lassen.

8 Die weiße Schokoladen-Mousse in einen Spritzbeutel füllen. Je eine Schicht (à etwa 100 g) auf die angefrorene Mousse au Chocolat in den Formen spritzen. Wieder 10 Minuten in den Gefrierschrank stellen.

9 Jeweils eine großzügige Menge Kirschkompott auf die weiße Schokoladen-Mousse geben und je eine Scheibe Schokoladenbiskuit darauflegen. Den Biskuit mit Kirschsirup tränken. Dann jeweils eine dünne Schicht Mousse au Chocolat darauf verstreichen. Zuletzt auf jede Torte eine Scheibe saftigen Biskuit legen und diese ebenfalls mit Kirschsirup tränken. Die Torten über Nacht tiefkühlen.

10 Ein Backblech mit Backpapier belegen. Die Formen maximal 30 Sekunden in warmes Wasser halten und die Torten auf das Backblech stürzen. Die Torten erneut über Nacht in den Gefrierschrank stellen.

11 Zum Überziehen der Torten das Blech an einen sauberen und gut zu reinigenden Ort stellen. Die Schokoladen-Kakaobutter-Lösung in die Airbrushpistole füllen. Die Torten aus etwa 1 Meter Entfernung damit besprühen. Dabei ständig in Bewegung bleiben und die Torten drehen, damit sie gleichmäßig überzogen werden.

12 Die Torten auf vier Teller setzen und vor dem Servieren 2–3 Stunden in den Kühlschrank stellen. Zuletzt mit Schokoladenblättchen, Schokoladenlocken, eingelegten Sauerkirschen und nach Wunsch mit Blattgold dekorieren.

SCHOKOLADENTÖRTCHEN MIT SCHWARZEN JOHANNISBEEREN & BIRNEN

Dieses Rezept habe ich nach einer Tour durch Pariser Chocolaterien kreiert.

Ergibt 4 Törtchen à 4 Stücke

½ Rezept Nuss-Dacquoise *(siehe Seiten 36–37)*
1 Rezept Biskuit *(siehe Seite 126)*
½ Rezept Schwarzes Johannisbeerkompott *(siehe* Kirschkompott *Seite 177)*, zubereitet aus 100 g Schwarzen Johannisbeeren, 200 g Schwarzem Johannisbeerpüree, 5 g Pektinpulver und 35 g Zucker
1 Rezept Schwarze Johannisbeer-Mousse *(siehe* Aprikosen-Mousse *Seite 170)*, zubereitet aus 125 g Schwarzen Johannisbeeren, 150 g Sahne, 4 g Blattgelatine und 25 g Zucker
2 Rezepte Schokoladenguss *(siehe Seite 165)*, zubereitet aus 400 g Milchschokolade, jedoch ohne Zucker
½ Rezept Kandierte Mandelsplitter *(siehe* Mandelsplitter *Seite 102, bis einschließlich Schritt 4)*
Dekorationen aus Schokolade und essbares Blattgold zum Verzieren

Für die Rotweinbirnen:
350 ml Rotwein
60 g Zucker
½ Vanilleschote, längs aufgeschlitzt
3 Birnen, geschält, entkernt und geviertelt

Für die Milchschokoladen-Mousse:
2 g Blattgelatine
75 ml Milch
345 g Sahne
30 g Eigelb (von 1–2 Eiern)
20 g Zucker
310 g Milchschokolade, fein gehackt

Für die Rotweinbirnen:

1 Rotwein, Zucker und Vanilleschote in einem Topf aufkochen. Die Hitze reduzieren und die Birnenviertel in den siedenden Wein geben. Mit einem Kreis aus Backpapier (in Topfgröße) abdecken und die Birnen bei sehr schwacher Hitze in 30 Minuten gar ziehen lassen. Abkühlen lassen und abgedeckt über Nacht kühl stellen.

Für die Milchschokoladen-Mousse:

2 Die Gelatine in kaltem Wasser einweichen. Inzwischen die Milch mit 50 g Sahne aufkochen.

3 Eigelbe und Zucker schaumig schlagen. Die Hälfte der heißen Milch zugießen und gut unterrühren. Die Mischung dann zurück zur restlichen Milch in den Topf gießen. Bei schwacher Hitze unter Rühren köcheln lassen, bis die Masse merklich andickt. Vom Herd nehmen. Die Gelatine ausdrücken und in der warmen Masse auflösen. Die Schokolade in eine Schüssel füllen. Die Milchcreme durch ein Sieb darübergießen. Umrühren, bis die Schokolade geschmolzen ist. Abkühlen lassen. Die restliche Sahne steif schlagen und unter die Schokoladenmasse heben. Die Mousse sofort verwenden.

Fertigstellen & Servieren:

4 Aus der Dacquoise vier ovale Scheiben in Größe der Dessertringe *(siehe Kasten)* ausstechen. Jeweils als Boden in die Ringe legen. Aus dem Biskuit ebenfalls vier Ovale ausstechen (etwa 1 cm kleiner als die Ringe). Das Johannisbeerkompott auf der Dacquoise verteilen. Jeweils 100 g Milchschokoladen-Mousse daraufgeben und mit einer kleinen Winkelpalette bis an die Innenseiten der Ringe glatt verstreichen. Etwa 20 Minuten in den Gefrierschrank stellen. Die Birnen aus dem Sud nehmen und trocken tupfen. In 1,5 cm große Würfel schneiden. Den Sud aufbewahren.

5 Die Biskuitovale auf die Mousse in den Dessertringen legen und mit Rotweinsud tränken. Die Birnenwürfel gleichmäßig darauf verteilen. Die Johannisbeer-Mousse mit einem Spritzbeutel daraufgeben, sodass die Ringe bis 2 cm unter den Rand gefüllt sind. Die restliche Milchschokoladen-Mousse darauf verteilen. Sorgfältig mit der Winkelpalette verstreichen, sodass keine Luftbläschen darin verbleiben und die Oberfläche glatt ist. Die Törtchen erneut in den Gefrierschrank stellen und über Nacht fest werden lassen.

6 Die Törtchen aus den Ringen lösen und wieder in den Gefrierschrank stellen. Den Schokoladenguss vorsichtig auf 40 °C erwärmen, dann auf 28–30 °C abkühlen lassen. Ein Kuchengitter über ein Tablett oder Backblech stellen und die Törtchen daraufsetzen. Mit Glasur übergießen, bis sie vollständig überzogen sind. Etwa 1 Stunde kalt stellen, bis die Glasur fast fest ist. Am Boden rund um die Törtchen kandierte Mandeln andrücken. Die Törtchen mit einer Palette vorsichtig vom Kuchengitter heben und auf Dessertteller setzen. Mit Dekorationen aus Schokolade und Blattgold verzieren.

Außerdem: 4 ovale Dessertringe (à 14,5 × 7 cm, *Bezugsquellen siehe Seite 224*).

HIMBEERTRAUM

Die frische, leichte Säure der Himbeeren ergänzt den cremigen Schokoladengeschmack dieser traditionellen französischen Süßspeise perfekt.

Ergibt etwa 16 Schnitten

1 Rezept Kirschsirup *(siehe Seite 193)*
1 Rezept Himbeer-Ganache *(siehe* Orangen-Ganache *Seite 175)*, anstelle des reduzierten Orangensafts jedoch 200 g Himbeerpüree und 35 g Zucker verwenden
1 Rezept Himbeerkompott *(siehe* Kirschkompott *Seite 177)*, zubereitet aus je 100 g Himbeeren und Himbeerpüree und 30 g Gelierzucker
1 Rezept Mousse au Chocolat (nach Methode 1, *siehe Seite 160)*

Für den Schokoladenbiskuit 1:
115 g Edelbitter-Schokolade (66 % Kakaoanteil), fein gehackt
60 g Butter, gewürfelt
50 g Eigelb (von 2–3 Eiern)
115 g Eiweiß (von etwa 4 Eiern)
60 g Zucker
20 g Mehl, gesiebt

Für den Schokoladenbiskuit 2:
200 g Eiweiß (von 6–7 Eiern)
180 g Zucker
130 g Eigelb (von etwa 6 Eiern)
60 g Kakaopulver, gesiebt

Für die Himbeerglasur:
5 g Blattgelatine
30 g Zucker
100 g Himbeerpüree *(siehe* Johannisbeerpüree *Seite 124)*
75 g Himbeeren

Außerdem:
Dekorationen aus Schokolade *(siehe Seiten 152–153)*
essbares Blattgold
frische Himbeeren

Zuerst für den Schokoladenbiskuit 1:

1 Den Backofen auf 180 °C vorheizen. Ein Backblech (25,5 x 30 cm) mit Backpapier belegen. Die Schokolade in einer Schüssel im Wasserbad schmelzen. Nacheinander Butterwürfel und Eigelbe vollständig unterrühren.

2 Die Eiweiße in einer zweiten Schüssel aufschlagen. Unter Rühren langsam den Zucker einrieseln lassen und steif schlagen. Den Eischnee unter die Schokoladenmasse heben. Das Mehl unterziehen. Die Masse gleichmäßig auf dem Backblech verstreichen. Im Ofen 15–18 Minuten backen, bis die Oberfläche bei sanftem Druck leicht zurückfedert. Den Biskuit auf einem Kuchengitter abkühlen lassen.

Für den Schokoladenbiskuit 2:

3 Den Backofen auf 200 °C vorheizen. Zwei Backbleche (à 25,5 x 30 cm) mit Backpapier belegen. Die Eiweiße in einer großen Schüssel aufschlagen. Unter Rühren langsam den Zucker einrieseln lassen und steif schlagen. Die Eigelbe einzeln gut unterrühren. Das Kakaopulver unterheben. Die Masse auf die beiden Backbleche verteilen und glatt streichen. Im Ofen 10–12 Minuten backen. Den Biskuit auf einem Kuchengitter abkühlen lassen.

Für die Himbeerglasur:

4 Die Gelatine in kaltem Wasser einweichen. Zucker, Himbeerpüree und Himbeeren aufkochen. Rühren, bis sich die Himbeeren auflösen. Vom Herd nehmen und die ausgedrückte Gelatine darin auflösen. Vollständig abkühlen lassen und in einem luftdicht verschlossenen Behälter bis zur Verwendung aufbewahren.

Fertigstellen & Servieren:

5 Zwei Back- oder Dessertrahmen (à 37 x 9 x 4 cm) zurechtlegen. Aus dem Schokoladenbiskuit 1 zwei Rechtecke in Rahmengröße ausschneiden. Den Schokoladenbiskuit 2 in vier rahmengroße Rechtecke schneiden. Dabei eventuell mehrere Biskuitstücke zusammensetzen.

6 Den Boden der Rahmen jeweils mit einem Rechteck aus Schokoladenbiskuit 1 auslegen. Mit Kirschsirup tränken. Die Himbeer-Ganache auf beiden Böden verteilen, glatt streichen und 10 Minuten kalt stellen. Auf die Ganache jeweils ein Rechteck aus Schokoladenbiskuit 2 legen. Diesen ebenfalls großzügig mit Kirschsirup tränken. Darauf jeweils ein Viertel Himbeerkompott verstreichen und jeweils mit einem Viertel Mousse au Chocolat abdecken. Die Oberfläche sorgfältig mit einer kleinen Winkelpalette glätten. Wieder jeweils ein Rechtecke aus Schokoladenbiskuit 2 auflegen und mit Kirschsirup tränken. Darauf das restliche Kompott verteilen und mit der restlichen Mousse au Chocolat abdecken. Die Oberfläche mit der Palette glatt streichen. Die Torten am besten über Nacht tiefkühlen und dabei fest werden lassen.

7 Die Backrahmen lösen. Die Himbeerglasur bei Bedarf wieder vorsichtig erwärmen und großzügig auf den beiden Torten verteilen. Die Torten 1 Stunde kalt stellen und die Glasur fest werden lassen. Die Himbeertorten in 4 cm breite Schnitten schneiden. Auf Dessertteller setzen und mit Dekorationen aus Schokolade, Blattgold und frischen Himbeeren garnieren.

CHOCOLA
WI
PA

TÖRTCHEN MIT MATCHA & SCHOKOLADE

Diese Kombination haben wir auf einer unserer Reisen nach Japan entdeckt, wo wir uns gerne von aktuellen Patisserie-Trends inspirieren lassen. Die Liebe zum Detail japanischer Patissiers bei der Neuinterpretation französischer Klassiker ist einfach beeindruckend. Die Dessert-Kunst wird immer wichtiger in der japanischen Kultur. Der Zitrusgeschmack von Yuzu und Orangen passt hervorragend zu Matcha-Crème-Brûlée und Mousse au Chocolat.

Ergibt 15 Stück

1 Rezept Schokoladenbiskuit 2 *(siehe Seite 182)*
1 Rezept Orangenlikör-Sirup *(siehe Seite 175)*
1 Rezept Mousse au Chocolat (nach Methode 2, *siehe Seite 161)*
1 Rezept Orangenmarmelade *(siehe Seite 126)*, dabei 100 g Orangen durch frische Yuzu oder alternativ durch je 50 g Mandarinen und Limetten ersetzen
Dekorationen aus Schokolade *(siehe Seiten 152–157)* und essbares Blattgold, zum Dekorieren

Für die Matcha-Crème-Brûlée:
250 g Sahne
½ Vanilleschote, längs aufgeschlitzt
50 g Eigelb (von 2–3 Eiern)
40 g Zucker
6 g Matcha (Grüntee-Pulver)

Für die Feuillantine mit Nugat:
150 g Milchschokolade (32 % Kakaoanteil), fein gehackt
115 g Nugatcreme *(siehe Seite 158–159)*
140 g Feuillantine *(siehe Seite 224)*

Für die Schokoladenglasur:
18 g Blattgelatine
300 g Zucker
100 g Kakaopulver, gesiebt
170 g Sahne

Für die Matcha-Crème-Brûlée:

1 Den Backofen auf 130 °C vorheizen. Die Silikonbackform auf ein Backblech mit möglichst hohem Rand legen. Die Sahne in einen Topf gießen. Das Mark aus der Vanilleschote schaben. Mark und Schote zur Sahne geben und aufkochen. Inzwischen die Eigelbe mit Zucker und Matcha-Pulver schaumig schlagen.

2 Die Hälfte der heißen Sahne zum Eigelbschaum gießen und gut unterrühren. Die restliche Sahne einrühren. Die Mischung durch ein Sieb gießen und auf die Vertiefungen in der Silikonbackform verteilen. Das Backblech bis knapp unter den Formrand mit Wasser füllen. Im Ofen 15–20 Minuten garen, bis die Masse schon fest wird, in der Mitte jedoch noch leicht wackelig ist. Herausnehmen und abkühlen lassen. Die Silikonbackform dann vorsichtig auf ein anderes Backblech oder Tablett stellen und 2–3 Stunden tiefkühlen.

Tipps:
- Für dieses Rezept benötigen Sie 1 Silikonbackform (mit 1,5 cm breiten Mulden) und 5 dreieckige Dessertformen (je 4,5 cm tief und 6,5 cm lang, *Bezugsquellen siehe Seite 224)*.
- Biskuit, Marmelade und Crème brûlée können Sie gut vorbereiten.
- Die restlichen Komponenten erst kurz vor der Fertigstellung der Törtchen zubereiten.

Für die Feuillantine mit Nugat:

3 Ein Backblech mit Backpapier belegen. Die Schokolade in einer Schüssel im Wasserbad schmelzen und auf 45 °C erwärmen. Nugatcreme und Feuillantine unterrühren. Auf das Backblech geben und 3 mm dick verstreichen. Fest werden lassen, dann in kleine Stücke brechen. In einem luftdicht verschlossenen Behälter bis zur Verwendung aufbewahren.

Für die Schokoladenglasur:

4 Die Gelatine in kaltem Wasser einweichen. Inzwischen den Zucker mit 235 ml Wasser aufkochen und bei schwacher Hitze 2–3 Minuten köcheln lassen. Kakaopulver und Sahne einrühren. Erneut aufkochen und 4–5 Minuten weiterköcheln lassen. Vom Herd nehmen. Die Gelatine ausdrücken und in der warmen Masse auflösen. Abseihen und abkühlen lassen.

Fertigstellen & Servieren:

5 Die gefrorenen Crème-brûlée-Stücke aus den Formen lösen und wieder in den Gefrierschrank legen. Aus dem Schokoladenbiskuit 15 Dreiecke in Größe der Dessertformen *(siehe Tipps)* ausschneiden. Für die Mitte der Törtchen mit einer runden Ausstechform (3,5 cm Ø) zusätzlich 15 Kreise aus dem Biskuit ausstechen.

Fortsetzung auf Seite 186

Törtchen mit Matcha & Schokolade

Fortsetzung

6 Je ein Biskuitdreieck in die Dessertformen legen und mit Orangenlikör-Sirup tränken. Jeweils etwas Mousse au Chocolat daraufgeben und diese sorgfältig in den Ringen verteilen und glatt streichen.

7 Jeweils drei Stücke Feuillantine in der Mitte jeder Form auf die Mousse legen und je einen Biskuitkreis daraufsetzen. Mit Orangenlikör-Sirup tränken. Die Marmelade auf die Formen verteilen und je ein Stück Matcha-Crème-Brûlée daraufsetzen. Die Formen mit Mousse au Chocolat auffüllen. Diese mit der Palette sorgfältig verteilen und glatt streichen. Die Törtchen im Gefrierschrank 3–4 Stunden fest werden lassen.

8 Die Törtchen aus den Formen lösen und sofort wieder in den Gefrierschrank stellen. Die Schokoladenglasur auf 40–45 °C erwärmen, dann auf 23–25 °C abkühlen lassen. Ein Kuchengitter über ein Tablett oder Backblech stellen und die gefrorenen Törtchen daraufsetzen *(siehe Bild links)*. Mit Schokoladenglasur übergießen, bis die Törtchen vollständig überzogen sind. Etwa 1 Stunde im Kühlschrank fest werden lassen. Die Törtchen mit einer Winkelpalette vom Kuchengitter heben und auf Dessertteller setzen. Mit Dekorationen aus Schokolade und Blattgold garnieren.

PARIS-BREST MIT NUGAT & SCHOKOLADE

Dieses wunderbare Feingebäck wurde 1891 zu Ehren des großen Radrennens zwischen Paris und Brest kreiert. Welcher Konditor das ursprüngliche Rezept erfunden hat, ist umstritten. Offenbar hatte er Talent. Der sportliche Wettkampf jedenfalls inspirierte ihn zu den mit Crème Chantilly und Crème Patissier gefüllten Ringen aus Brandteig. Ihre runde Form sollte an Fahrradreifen erinnern und ihre Dekoration aus Puderzucker und gerösteten Mandelblättchen an den Straßenstaub. Bald war das Feingebäck in ganz Frankreich beliebt. Noch heute gehört es zum festen Sortiment vieler Patisserien.

Ergibt 15–16 Stück

Für den Brandteig:
125 ml Milch
125 g Butter, gewürfelt
12 g Zucker
160 g Mehl, gesiebt
2 g Salz
250 g Eier (etwa 5 Stück), verquirlt
Eistreich *(siehe Seite 144)*
100 g Mandelblättchen

Für die Dessertcreme mit Nugat:
225 g Sahne
100 ml Milch
80 g Eigelb (von etwa 4 Eiern)
30 g Zucker
180 g Edelbitter-Schokolade (65% Kakaoanteil), fein gehackt
75 g Gianduja *(Bezugsquellen siehe Seite 224)*, fein gehackt
75 g Nugatcreme *(siehe Seiten 158–159)*
25 g weiche Butter

Für die Crème Patissier mit Schokolade:
500 ml Milch
½ Vanilleschote, längs aufgeschlitzt
120 g Eigelb (von etwa 6 Eiern)
100 g Zucker
40 g Mehl
40 g Kakaopulver
50 g Edelbitter-Schokolade (70% Kakaoanteil), fein gehackt

Außerdem:
80 g Haselnusskerne, grob gehackt
2 Rezepte Crème Chantilly *(siehe Seite 162)*
Puderzucker zum Bestäuben
Dekorationen aus Schokolade *(siehe Seiten 152–157)*

Tipp:
- Falls Sie Brandteig übrig haben, backen Sie wie beschrieben Ringe und frieren Sie diese in einem gut schließenden Behälter ein. Die Ringe dann vor der Verwendung kurz aufbacken, damit sie wieder schön knusprig sind.

Für den Brandteig:

1 Den Backofen auf 200 °C vorheizen. Ein Backblech mit Backpapier belegen. Die Milch mit Butter, Zucker und 125 ml Wasser in einen Topf geben. Erhitzen und etwa 1 Minute kochen lassen. Vom Herd nehmen, Mehl und Salz dazugeben und mit einem Teigschaber vollständig unterrühren. Den Topf wieder auf den Herd stellen und alles unter Rühren leicht erhitzen, bis sich die Teigmasse vom Topfrand löst. Die Teigmasse vom Herd nehmen und 2–3 Minuten abkühlen lassen. Dabei gelegentlich umrühren.

2 Die verquirlten Eier langsam unter die Teigmasse rühren, bis sie glatt ist. Die Masse in einen Spritzbeutel mit 14 mm Lochtülle füllen und 15–16 Ringe (à 6 cm Ø) auf das Backblech spritzen. Die Ringe sorgfältig mit Eistreich bepinseln und mit den Mandelblättchen bestreuen.

3 Die Ringe im Ofen 20 Minuten backen. Die Ofentemperatur dann auf 160 °C reduzieren und die Ringe noch 10–15 Minuten weiterbacken, bis sie goldbraun sind. Den Ofen während des Backens nicht öffnen, da die Brandteig-Ringe sonst zusammenfallen. Auf einem Kuchengitter abkühlen lassen.

Fortsetzung auf Seite 188

Paris-Brest mit Nugat & Schokolade

Fortsetzung

Für die Dessertcreme mit Nugat:

4 Sahne und Milch aufkochen. Inzwischen die Eigelbe mit dem Zucker in einer Schüssel in 2–3 Minuten schaumig schlagen. Die Hälfte der heißen Sahnemilch zum Eigelbschaum gießen und gut unterrühren. Dann zurück in den Topf gießen. Unter Rühren erhitzen, bis die Masse andickt *(siehe auch Seite 160, Schritt 3)*. Vom Herd nehmen. Gehackte Schokolade, Gianduja und Nugatcreme in eine Schüssel geben. Die heiße Masse durch ein Sieb darübergießen und alles zu einer glatten Masse verrühren. Zuletzt die Butter unterziehen. Die Dessertcreme in eine flache Schale füllen, mit Frischhaltefolie abdecken und möglichst schnell abkühlen lassen.

Für die Crème Patissier mit Schokolade:

5 Die Milch mit der Vanilleschote aufkochen. Inzwischen Eigelbe und Zucker in einer Schüssel in 2–3 Minuten schaumig schlagen. Mehl und Kakaopulver daraufsieben und alles zu einer glatten Masse verrühren.

6 Die Hälfte der heißen Milch zugießen und gut unterrühren. Die Mischung durch ein Sieb zurück zur restlichen Milch in den Topf gießen. Unter Rühren erneut aufkochen und bei schwacher Hitze 5–6 Minuten unter Rühren weiterköcheln lassen.

7 Vom Herd nehmen. Die Schokolade einstreuen und unterrühren, bis sie vollständig geschmolzen ist. Die Crème Patissier in eine flache Schale füllen, mit Frischhaltefolie abdecken und möglichst schnell abkühlen lassen.

Fertigstellen & Servieren:

8 Den Backofen auf 180 °C vorheizen. Die Brandteig-Ringe vorsichtig quer halbieren und auf Backbleche legen. Im Ofen in 1–2 Minuten knusprig aufbacken. Bei frisch gebackenen Ringen entfällt das Aufbacken. (Tiefgekühlte Ringe auftauen und 2–3 Minuten aufbacken.)

9 Die Dessertcreme mit Nugat in einen Spritzbeutel mit 12 mm Lochtülle füllen und auf die Brandteig-Böden spritzen. Mit den gehackten Haselnusskernen bestreuen.

10 Auf die Nüsse mit einem Spritzbeutel (12 mm Lochtülle) jeweils eine Lage Crème Patissier mit Schokolade spritzen. Darauf mit einem weiteren Spritzbeutel (10 mm Sterntülle) wellenförmig Crème Chantilly auftragen.

11 Die Brandteig-Deckel auflegen sanft andrücken. Zum Servieren jeweils eine kleine Rosette Crème Chantilly daraufspritzen und mit Puderzucker bestäuben sowie Dekorationen aus Schokolade verzieren.

KLEINE TARTES MIT SALZKARAMELL

Karamell mit Meersalz ist bei unseren Kunden äußerst beliebt, so haben wir diese kleinen Tartes kreiert. Die Frische der Himbeeren bildet einen köstlichen Kontrast zum warmen Geschmack des Karamells, und die Schokolade verbindet alles ganz wunderbar. Haselnusskerne und Mandeln machen die Mürbeteigböden besonders knusprig.

Ergibt 12 Stück

½ Rezept Salzkaramell *(siehe Seite 79)*
75 g Haselnusskerne, gehackt
1 Rezept Himbeerkompott *(siehe Seite 182)*
12 runde Schokoladenblättchen (à 6 cm Ø, *siehe* Folientechnik *Seite 157)*
Dekorationen aus Schokolade *(siehe Seiten 152–157)*, essbares Blattgold, gehackte Haselnusskerne und halbierte Himbeeren, zum Dekorieren

Für den Mürbeteig:
225 g weiche Butter, gewürfelt
135 g Puderzucker, gesiebt
50 g gemahlene Haselnusskerne
50 g gemahlene Mandeln
2 g Salz
75 g Eier (1–2 Stück), verquirlt
325 g Mehl, gesiebt, plus mehr zum Arbeiten

Für die Himbeer-Dacquoise:
125 g gemahlene Mandeln
60 g Puderzucker
30 g Mehl, gesiebt
160 g Eiweiß (von etwa 5 Eiern)
125 g Zucker
125 g tiefgekühlte Himbeeren, gehackt

Für die Edelbitter-Ganache:
150 g Sahne
75 ml Milch
55 g Eigelb (von etwa 3 Eiern)
25 g Zucker
160 g Edelbitter-Schokolade (66 % Kakaoanteil), grob gehackt
15 g weiche Butter

Für den Mürbeteig:

1 Butter und Puderzucker in einer großen Schüssel schaumig rühren. Nüsse, Mandeln und Salz vollständig untermischen. Die verquirlten Eier in mehreren Portionen gut unterrühren. Zuletzt das Mehl zugeben und alles zu einem glatten Teig verkneten. Den Teig in Frischhaltefolie wickeln und im Kühlschrank mindestens 1 Stunde ruhen lassen. Dann auf der leicht bemehlten Arbeitsfläche 3 mm dick ausrollen und die Tartelette-Formen damit auslegen. Die Böden mit einer Gabel mehrmals einstechen und erneut mindestens 1 Stunde kalt stellen.

Für die Dacquoise:

2 Den Backofen auf 160 °C vorheizen. Ein Backblech (25,5 x 30 cm) mit Backpapier belegen. Mandeln, Puderzucker und Mehl vermischen. Eiweiße schaumig schlagen. Unter Rühren Zucker einrieseln lassen und steif schlagen. Die Mandelmischung und die Himbeeren unterheben. Die Masse gleichmäßig auf dem Backblech verstreichen. Im Ofen 18–20 Minuten backen. Abkühlen lassen. 12 Kreise (à 5 cm Ø) ausstechen.

Für die Ganache:

3 Sahne und Milch aufkochen. Eigelbe und Zucker in einer Schüssel schaumig schlagen. Die Hälfte der heißen Milch unterrühren. Den Eigelbschaum zurück zur restlichen Milch in den Topf gießen. Alles bei schwacher Hitze köcheln lassen, bis die Masse andickt. Den Topf vom Herd nehmen. Die Schokolade in eine Schüssel geben. Die heiße Masse durch ein Sieb darübergießen. Sorgfältig verrühren, bis die Schokolade vollständig geschmolzen ist. Zuletzt die Butter unterrühren. Die Ganache in eine flache Schale füllen und abkühlen lassen.

Zum Backen der Tartes-Böden:

4 Den Backofen auf 180 °C vorheizen. Die Tartes-Böden mit Backpapier bedecken und die Formen mit getrockneten Hülsenfrüchten füllen. Im Ofen 12–15 Minuten blind backen. Backpapier und Hülsenfrüchte entfernen und die Tartes-Böden 8–10 Minuten weiterbacken. Aus dem Ofen nehmen, etwa 5 Minuten abkühlen lassen und aus den Formen lösen. Vollständig auskühlen lassen.

Fertigstellen & Servieren:

5 Mit einem Spritzbeutel jeweils etwas Salzkaramell in die Mitte der Tartes-Böden spritzen. 1 Teelöffel gehackte Haselnüsse daraufgeben. Mit einer Schicht Himbeerkompott bedecken und darauf je einen Dacquoise-Kreis setzen. Entlang des Innenrands je einen Streifen Salzkaramell spritzen und etwas Himbeerkompott in die Mitte füllen. Zuletzt je 1 Schokoladenblättchen auflegen.

6 Die Ganache aufschlagen und so lockern. In einen Spritzbeutel mit 7 mm Lochtülle füllen. Die Ganache von der Mitte aus spiralförmig auf die Tartes spritzen. Nach Lust und Laune dekorieren.

Tipps:
- Für die Tartes benötigen Sie 12 Tartelette-Formen (à 7 cm Ø).
- Überschüssiger Teig hält sich im Kühlschrank einige Tage. Alternativ können Sie ihn tiefkühlen.

»OPERA« MIT PISTAZIEN & SCHOKOLADE

Dieser Kuchen wurde in den 1930er-Jahren von Louis Clichy für einen Empfang in der Pariser Oper kreiert. Traditionell besteht er aus mehreren Lagen Biskuit und Buttercreme, aromatisiert mit Schokolade und Kaffee. Für unsere Version verwenden wir Pistazien, Kirschen und Schokolade sowie Crème Mousseline. In unserem Unternehmen legen wir großen Wert auf die Ausbildung. Dieser Kuchen ist wunderbar dafür geeignet, denn die Lehrlinge müssen für seine Zubereitung verschiedene Techniken beherrschen. Allein das Zusammensetzen ist eine Kunst für sich. Ich selbst habe sie bei Willie Pike gelernt.

Ergibt 14–16 Schnitten

2 Rezepte Schokoladenguss *(siehe Seite 165)*
Dekorationen aus Schokolade *(siehe Seiten 152–157)* und essbares Blattgold, zum Dekorieren

Für die Pistazien-Macarons:
(etwa 50 Stück)
125 g Zucker
120 g Eiweiß (von etwa 4 Eiern)
125 g gemahlene Mandeln
125 g Puderzucker
35 g Pistazienpaste *(siehe Seite 52)*
gehackte Pistazienkerne zum Dekorieren

Für den Pistazienbiskuit:
50 g gemahlene Mandeln
300 g Zucker
200 g Eiweiß (von etwa 7 Eiern)
85 g Pistazienpaste *(siehe Seite 52)*
75 g Puderzucker
60 g Eigelb (von etwa 3 Eiern)
100 g Speisestärke
45 g Butter, geschmolzen und abgekühlt

Für den Kirschsirup:
170 g Zucker
½ Vanilleschote, längs aufgeschlitzt
150 ml Kirschwasser

Für die Crème Mousseline mit Pistazien:
335 ml Milch
1 Vanilleschote, längs aufgeschlitzt
80 g Eigelb (von etwa 4 Eiern)
65 g Zucker
35 g Mehl, gesiebt
40 g Pistazienpaste *(siehe Seite 52)*
165 g weiche Butter, gewürfelt

Für die Kirsch-Ganache:
400 g Kirschpüree (Fertigprodukt *ODER siehe* Johannisbeerpüree *Seite 124)*
80 g Zucker
300 g Milchschokolade, gehackt
300 g Edelbitter-Schokolade (65 % Kakaoanteil), gehackt
100 g weiche Butter

Tipps:

- Für dieses Rezept benötigen Sie 2 Back- oder Mousse-Rahmen (à 37 × 9 × 4 cm, *Bezugsquellen siehe Seite 224)*.
- Bleiben Macarons oder Biskuit übrig, können sie luftdicht verpackt eingefroren werden. Macarons eignen sich hervorragend als Petits Fours.
- Bereiten Sie Ganache und Guss erst kurz vor dem Zusammensetzen des Kuchens zu.

Für die Pistazien-Macarons:

1 Den Backofen auf 150 °C vorheizen. Zwei Backbleche mit Backpapier belegen. In einer Schüssel den Zucker in 60 g Eiweiß vollständig auflösen. Die Schüssel in ein Wasserbad setzen, die Eiweiße aufschlagen und dabei auf etwa 60 °C erwärmen. Den Eischnee in eine Rührschüssel füllen und mit dem Handrührgerät steif schlagen. Dabei in etwa 10 Minuten auf Raumtemperatur abkühlen lassen.

2 Mandeln und Puderzucker zusammen in eine Schüssel sieben. Restliche Eiweiße und Pistazienpaste untermischen. Alles zu einer glatten Masse verrühren. Den Eischnee mit einem Teigschaber gleichmäßig unterheben. Die Masse in einen Spritzbeutel mit 8 mm Lochtülle füllen und Kuppeln (à 2,5 cm Ø) auf die Backbleche spritzen. Die gehackten Pistazien darauf verteilen und die Kuppeln 20–25 Minuten antrocknen lassen.

3 Die Macarons im Ofen 10 Minuten backen. Die Ofentemperatur dann auf 140 °C reduzieren und noch 6–8 Minuten weiterbacken.

Fortsetzung auf Seite 194

»Opera« mit Pistazien & Schokolade

Fortsetzung

Für den Pistazienbiskuit:

4 Den Backofen auf 180 °C vorheizen. Drei Backbleche (à 25,5 × 30 cm) mit Backpapier belegen. In einer großen Schüssel die Mandeln mit 90 g Zucker, 85 g Eiweiß und der Pistazienpaste zu einer glatten Masse verrühren. Nach und nach den Puderzucker und anschließend die Eigelbe unterrühren. Alles in 4–5 Minuten zu einer hellen, lockeren Masse aufschlagen. Zuletzt die Speisestärke und die flüssige Butter unterziehen.

5 Die restlichen Eiweiße aufschlagen. Langsam den restlichen Zucker einrieseln lassen und steif schlagen. Den Eischnee vorsichtig unter die Pistazienmasse heben. Die Biskuitmasse dann gleichmäßig auf die Backbleche verteilen und mit einer Winkelpalette glatt streichen. Im Ofen etwa 15 Minuten backen, bis die Oberfläche der Biskuits goldbraun ist und bei sanftem Druck zurückfedert.

Für den Kirschsirup:

6 Den Zucker mit 180 ml Wasser in einen Topf geben. Das Mark aus der Vanilleschote schaben. Mark und Schote dazugeben. Aufkochen, bis sich der Zucker vollständig gelöst hat. Abkühlen lassen. Das Kirschwasser unterrühren. Den Sirup durch ein Sieb gießen und bis zur Verwendung in einem luftdicht verschlossenen Behälter kalt stellen.

Für die Crème Mousseline mit Pistazien:

7 Die Milch mit der Vanilleschote in einem Topf aufkochen. Inzwischen die Eigelbe mit dem Zucker in einer Schüssel in 2–3 Minuten schaumig schlagen. Das Mehl zufügen und glatt rühren. Die Hälfte der heißen Milch zugießen und alles gut verrühren. Die Mischung durch ein Sieb zurück zur restlichen Milch in den Topf gießen.

8 Die Mischung unter Rühren mit dem Schneebesen erneut aufkochen. Dann die Hitze reduzieren und unter Rühren 5–6 Minuten köcheln lassen. Vom Herd nehmen. Die Vanilleschote entfernen und die Mischung in eine Rührschüssel füllen. Mit dem Handrührgerät bei niedriger Geschwindigkeit so lange verrühren, bis sie auf Raumtemperatur abgekühlt ist. Währenddessen eventuell an den Schüsselwänden haftende Creme mit einem Teigschaber lösen. Die Geschwindigkeit erhöhen und die Pistazienpaste unterrühren. Zuletzt die Butterwürfel einzeln unterrühren, bis eine glatte Creme entstanden ist. Die Creme in einem luftdicht verschlossenen Behälter bis zur Verarbeitung aufbewahren.

Für die Kirsch-Ganache:

9 Kirschpüree und Zucker aufkochen. Die Schokolade in eine Schüssel füllen. Das heiße Püree darübergießen und mit dem Spatel zu einer glatten Masse verrühren. Die weiche Butter sorgfältig in mehreren Portionen unterziehen. Abkühlen lassen. Ein Viertel der Ganache abnehmen und zum Füllen der Macarons beiseitestellen.

Fertigstellen & Servieren:

10 Die Kirsch-Ganache für die Macarons in einen Spritzbeutel mit kleiner Lochtülle füllen. Jeweils eine kleine Menge auf die Unterseite von 16 Macarons spritzen und 16 Macarons mit der Unterseite daraufsetzen.

11 Den Pistazienbiskuit in sechs rahmengroße Rechtecke schneiden *(siehe Tipps Seite 193)*. Dabei eventuell mehrere Stücke zusammensetzen.

12 Ein Biskuitrechteck in jeden Rahmen legen und leicht mit Kirschsirup tränken. Darauf jeweils ein Viertel der restlichen Kirsch-Ganache gleichmäßig verteilen. 10 Minuten kalt stellen. Dann je eine Schicht Crème Mousseline auf der Ganache verteilen und je ein Biskuitrechteck auflegen. Wieder mit Kirschsirup tränken.
Auf dem Biskuit jeweils eine weitere Schicht Ganache verteilen und erneut 10 Minuten kalt stellen. Wieder eine Schicht Crème Mousseline auftragen. Mit den letzten Biskuitrechtecken abdecken und diese mit Kirschsirup tränken. Den Kuchen über Nacht in den Gefrierschrank stellen.

13 Die gefrorenen Kuchen aus den Rahmen lösen. Den Schokoladenguss bei Bedarf wieder erwärmen und auf den beiden Kuchen verteilen. Die Kuchen 1 Stunde kalt stellen und den Guss fest werden lassen. Die Kuchen dann in 4 cm breite Schnitten schneiden. Auf Dessertteller setzen und mit Dekorationen aus Schokolade, Blattgold und den Pistazien-Macarons garnieren.

TIRAMISU IN SCHOKO-SCHATULLEN

Unser Tiramisu servieren wir in eleganten Schatullen aus Schokolade. Darin sieht es wie eine Skulptur aus. Es ist übrigens eine Version des Desserts, das Suzue und ich für die kulinarische Olympiade 2004 zubereiteten. Auf die Goldmedaille, die unsere Kreation damals Schottland einbrachte, sind wir noch immer stolz.

Ergibt 12 Stück

Für das Schokoladengelee:
4 g Blattgelatine
250 ml Milch
20 g Zucker
140 g Edelbitter-Schokolade (70 % Kakaoanteil), fein gehackt

Für den Löffelbiskuit:
(25 Stück)
90 g Eiweiß (von etwa 3 Eiern)
95 g Zucker
60 g Eigelb (von etwa 3 Eiern), verquirlt
95 g Mehl, gesiebt

Für die »Vergoldete Kakaobutter«:
20 g Kakaobutter, fein gehackt
2 g essbares Goldpulver *(Bezugsquellen siehe Seite 224)*

Für die Schokoladen-Schatullen:
12 Streifen Schokoladenfolie (à 10 × 12 cm)
»Vergoldete Kakaobutter« *(siehe oben)*
500 g temperierte Edelbitter-Schokolade *(siehe Seiten 18–19)*

Für den Espresso-Sirup:
25 g Zucker
150 ml frisch gebrühter starker Espresso
60 ml dunkler Rum

Für die Mascarpone-Mousse:
½ Vanilleschote, längs aufgeschlitzt
60 g Eigelb (von etwa 3 Eiern)
100 g Zucker
250 g Sahne
400 g Mascarpone

Außerdem:
Kakaopulver zum Bestäuben
Kakaobruch, gehackt
12 Schokoladenröllchen *(siehe Seite 153)* zum Dekorieren

Tipps:
- Für dieses Rezept benötigen Sie 12 Streifen Schokoladenfolie (à 10 × 12 cm, *Bezugsquellen siehe Seite 224*).
- Der Löffelbiskuit kann vorbereitet und luftdicht verpackt aufbewahrt werden. Auch Gelee und Sirup können am Vortag zubereitet und bis zur Verwendung gekühlt werden.

Für das Schokoladengelee:

1 Ein kleines Blech oder Tablett mit hohem Rand mit Frischhaltefolie auslegen. Die Gelatine in kaltem Wasser einweichen. Milch und Zucker aufkochen. Vom Herd nehmen. Die Gelatine ausdrücken und in der Milch auflösen.

2 Die Schokolade in eine Schüssel füllen. Ein Drittel der warmen Milch darübergießen und zu einer glatten Masse verrühren. Dann die restliche Milch unterrühren. Durch ein feines Sieb in das vorbereitete Blech oder Tablett gießen und abkühlen lassen. Das Gelee mindestens 2 Stunden im Kühlschrank fest werden lassen. Aus dem Gelee mit einer runden Ausstechform (3 cm Ø) 24 Kreise ausstechen.

Für den Löffelbiskuit:

3 Den Backofen auf 200 °C vorheizen. Ein Backblech mit Backpapier belegen. In einer Schüssel die Eiweiße leicht aufschlagen. Den Zucker unter Rühren einrieseln lassen und steif schlagen. Die verquirlten Eigelbe langsam gut unterrühren. Zuletzt das Mehl unterheben.

4 Die Masse auf das vorbereitete Blech geben und gleichmäßig mit der Winkelpalette verstreichen. Im Ofen in 15–18 Minuten goldbraun backen. Den Biskuit auf einem Kuchengitter abkühlen lassen. Dann mit einer runden Ausstechform (3 cm Ø) 24 Kreise ausstechen. (Eventuell verbleibende Biskuitmasse gut verpackt tiefkühlen oder auf einem zweiten Blech backen und als Plätzchen servieren.)

Für die »Vergoldete Kakaobutter«:

5 Die Kakaobutter in einer Schüssel im Wasserbad schmelzen. Das Goldpulver unterrühren. Abkühlen lassen, bis die Kakaobutter wieder andickt.

Fortsetzung auf Seite 196

Tiramisu in Schoko-Schatullen

Fortsetzung

Für die Schoko-Schatullen:

6 Einen Streifen Schokoladenfolie auf ein Backblech oder Tablett legen und mit einem Klebestreifen an einer der schmalen Seiten befestigen. Die Oberfläche mit einem Wattebausch polieren. Dann mit einem Pinsel etwas vergoldete Kakaobutter diagonal von links unten nach rechts oben streichen. Mit den restlichen Folienstreifen wiederholen. Fest werden lassen.

7 Eine kleine Menge temperierte Schokolade auf eine Schokoladenfolie streichen, sodass die Folie (und der Kakaobutter-Streifen) vollständig bedeckt sind. Wenn die Schokolade fast fest geworden ist, den Klebestreifen entfernen und die Folie vorsichtig mit der Schokolade nach innen zu einer länglichen Rolle aufrollen. Die Rolle außen mit Klebestreifen fixieren und zusätzlich etwas temperierte Schokolade auf den Saum im Inneren der Rolle verstreichen. Diesen Vorgang mit den restlichen Folienstreifen wiederholen. Die Rollen an einem kühlen, trockenen Ort 30 Minuten fest werden lassen.

Für den Espresso-Sirup:

8 Den Zucker im warmen Espresso auflösen. Etwas abkühlen lassen und den Rum unterrühren. In einen luftdicht schließenden Behälter füllen und beiseitestellen.

Für die Mascarpone-Mousse:

9 Das Mark aus der Vanilleschote schaben. Die Eigelbe mit Zucker und Vanillemark unter Rühren mit dem Schneebesen in einer Schüssel im Wasserbad erwärmen. In etwa 10 Minuten hell und schaumig schlagen. Vom Wasserbad nehmen und abkühlen lassen, dabei gelegentlich umrühren.

10 Die Sahne steif schlagen. In einer zweiten Schüssel den Mascarpone glatt rühren und dabei auflockern.

11 Ein Drittel vom Eigelbschaum zum Mascarpone geben und glatt rühren. Dann den Rest vorsichtig unterheben. Zuletzt die Schlagsahne unterziehen. Die Mousse am besten sofort verwenden.

Fertigstellen & Servieren:

12 Zwölf Löffelbiskuit-Kreise mit Espresso-Sirup tränken und je einen Gelee-Kreis darauflegen. Je eine Schoko-Schatulle um Biskuit und Gelee stellen, sodass sie den Boden des Desserts bilden.

13 Die Schoko-Schatullen mit einem Spritzbeutel (12 mm Lochtülle) zur Hälfte mit Mascarpone-Mousse füllen. Die restlichen Löffelbiskuit-Kreise mit Espresso-Sirup tränken und mit je einem Gelee-Kreis belegen. Zusammen vorsichtig in die Schatullen auf die Mousse legen. Die Schatullen randhoch mit Mascarpone-Mousse füllen. Mit einer feinen Rosette abschließen.

14 Vorsichtig mit Kakaopulver bestäuben und mit etwas Kakaobruch bestreuen. Mindestens 2 Stunden im Kühlschrank fest werden lassen.

15 Kurz vor dem Servieren das Klebeband vorsichtig mit einem scharfen Messer oder Skalpell aufschneiden, ohne dabei in Folie oder Schokolade zu schneiden. Die Folien vorsichtig von den Schatullen lösen. Mit je 1 Schokoladenröllchen garnieren.

EIS, SAUCEN & GETRÄNKE

PARFAIT VON DUNKLER SCHOKOLADE & SESAM zwischen Schokoladenplätzchen

Das französische »Parfait« bedeutet wörtlich »perfekt«. Perfekt ist auch dieses Dessert, das zarter schmeckt und viel leichter ist als klassische Eiscreme.

Ergibt 12 Stück

Für das Parfait:
125 g Edelbitter-Schokolade (63 % Kakaoanteil), fein gehackt
180 g Sahne
120 g Eigelb (von etwa 6 Eiern)
70 g Zucker
25 g weiße Sesampaste (Tahini, aus dem Feinkostregal oder *Bezugsquellen siehe Seite 224*)
12 g dunkle Sesampaste *(Bezugsquellen siehe Seite 224)*

Für die Schokoladenplätzchen:
1 Rezept Schokoladenteig *(siehe* Schwarz-Weiß-Gebäck *Seite 148)*
Mehl zum Arbeiten
Eistreich *(siehe Seite 144)*

Variante

Für ein **Parfait von weißer Schokolade & Sudachi** (japanische Limette) das Parfait zubereiten wie rechts beschrieben. Statt Edelbitter-Schokolade jedoch 160 g weiße Schokolade verwenden und im Wasserbad auf 40 °C erwärmen. Beide Sesampasten durch 3 g abgeriebene Schale von 1 Bio-Sudatchi oder Bio-Limette ersetzen.

Für Vanilleplätzchen einen Vanilleteig *(siehe Seite 148)* zubereiten. Dann fortfahren wie rechts für die Schokoladenplätzchen beschrieben.

Für die Schokoladenplätzchen:

1 Den Backofen auf 180 °C vorheizen. Ein Backblech mit Backpapier belegen. Den Schokoladenteig auf einer leicht bemehlten Arbeitsfläche etwa 4 mm dick ausrollen. Mit einer runden, gewellten Ausstechform (5 cm Ø) 24 Plätzchen ausstechen. Auf das Backblech legen und 1 Stunde im Kühlschrank ruhen lassen.

2 Die Plätzchen dünn mit Eistreich bepinseln und im Ofen 10–12 Minuten backen. Auf einem Kuchengitter abkühlen lassen.

Für das Parfait:

3 Ein Backblech mit einer Silikonmatte belegen. Zwölf Dessertringe (5 cm Ø, 2 cm tief) daraufstellen und bis zur Verwendung in den Gefrierschrank stellen. (Wenn nicht genügend Ringe zur Verfügung stehen, das Parfait in mehreren Portionen zubereiten.)

4 Die Schokolade in einer Schüssel im Wasserbad schmelzen und auf 45 °C erwärmen. In einer zweiten Schüssel die Sahne in etwa 5 Minuten steif schlagen.

5 In einer weiteren Schüssel die Eigelbe mit dem Zucker verrühren. In einem Wasserbad sanft erhitzen. Dabei aufschlagen, bis sich der Zucker vollständig gelöst hat und eine schaumige Masse entsteht, die in dicken Bändern vom Schneebesen läuft. (Die Konsistenz des Eischaums sollte der von halb geschmolzener Eiscreme ähneln.) Die Schüssel aus dem Wasserbad nehmen und in eine größere Schüssel mit Eiswasser stellen. Die Masse dann weiterschlagen, bis sie abgekühlt ist. Dies verhindert, dass die Masse sich wieder trennt.

6 Beide Sesampasten unter die geschmolzene Schokolade rühren. Den Eigelbschaum vorsichtig mit der Schlagsahne mischen. Die geschmolzene Schokolade in drei Portionen unterheben.

7 Die Masse in einen Spritzbeutel geben und in die Dessertringe füllen. Über Nacht einfrieren.

8 Zum Servieren das Parfait aus den Dessertringen lösen und jeweils zwischen zwei Schokoladenplätzchen setzen. Das Parfait vor dem Servieren etwa 5 Minuten antauen lassen.

SCHOKOLADEN-ERDNUSS-EIS

Die Nachfrage nach hochwertigem Speiseeis steigt stetig. Deshalb haben wir in unserem Geschäft im Londoner Stadtteil Belgravia inzwischen auch eine Eisvitrine. Dieses Eis gehört zu den beliebtesten Sorten.

Für 10–12 Personen

500 ml Milch
150 g Sahne
100 g Eigelb (von etwa 5 Eiern)
85 g Zucker
50 g Kakaopulver
75 g Edelbitter-Schokolade (63 % Kakaoanteil), gehackt
175 g Nugatcreme *(siehe Seiten 158–159)*, zubereitet mit 200 g ungesalzenen, gerösteten Erdnusskernen und 100 g gesalzenen, gerösteten Erdnusskernen

1 Milch und Sahne in einem Topf zusammen aufkochen.

2 Inzwischen die Eigelbe mit dem Zucker in 2–3 Minuten schaumig schlagen. Das Kakaopulver zufügen und alles glatt rühren.

Außerdem: Für dieses Rezept benötigen Sie eine Eismaschine.

3 Die Hälfte der heißen Milch unterrühren. Den Eigelbschaum zurück zur restlichen Milch in den Topf gießen.

4 Alles bei schwacher Hitze und unter ständigem Rühren auf 82–84 °C erhitzen. Die Flüssigkeit soll so weit andicken, dass sie den Rücken eines Löffels deckend überzieht, ohne auseinanderzulaufen. Die gehackte Schokolade in eine Schüssel füllen. Die heiße Creme durch ein feines Sieb darübergießen und verrühren, bis die Schokolade vollständig geschmolzen und eine glatte Masse entstanden ist. In Eiswasser setzen und möglichst schnell abkühlen lassen.

5 Die Eismasse mit 85 g Nugatcreme gut vermischen. Die Eismasse in einen Kunststoffbehälter füllen und abgedeckt über Nacht in den Kühlschrank stellen, damit sich der Geschmack entwickeln kann *(siehe Tipp)*.

6 In die Eismaschine füllen und nach Herstellerangaben gefrieren lassen. Die restliche Nugatcreme unterrühren.

Tipp: Lässt man die Grundmasse für die Eiscreme vor dem Frieren über Nacht im Kühlschrank ruhen, kann sich der Geschmack optimal entwickeln. Wenn die Zeit drängt, kann die abgekühlte Masse aber auch sofort in der Eismaschine gefroren werden.

SCHOKOLADEN-HIMBEER-SORBET

Das Himbeerpüree in diesem Sorbet betont die fruchtig-intensive Note der Schokolade. Mit einer feinen Schokoladen-Hippe dekoriert ist dieses Dessert ein echter Blickfang.

Für 8–12 Personen

130 g Zucker
75 g Kakaopulver
150 g Edelbitter-Schokolade (63 % Kakaoanteil), fein gehackt
300 g Himbeerpüree *(siehe* Johannisbeerpüree *Seite 124)*

Für die Schokoladen-Hippen:
(etwa 10 Stück)
40 g Mehl
7 g Kakaopulver
60 ml Milch
150 g Gelierzucker
50 g Butter

Außerdem: Für dieses Rezept benötigen Sie eine Eismaschine.

Für die Schokoladen-Hippen:

1 Den Backofen auf 180 °C vorheizen. Mehl und Kakaopulver zusammen in eine Schüssel sieben.

2 Milch, Gelierzucker und Butter in einem Topf aufkochen. Bei schwacher Hitze unter Rühren 2 Minuten köcheln lassen. Vom Herd nehmen und die Mehlmischung gleichmäßig unterrühren.

3 Die Hälfte der Masse mit einer Winkelpalette sehr dünn auf eine Silikonmatte streichen und mit einem Bogen Backpapier abdecken. Im Ofen 4–5 Minuten backen, bis die Masse leicht auseinanderläuft und sich kleine Löcher darin gebildet haben (vergleichbar mit Stoffspitze). Herausnehmen und abkühlen lassen. Den Vorgang mit der restlichen Masse wiederholen.

Die fertigen Hippen vorsichtig von der Silikonmatte lösen und in Stücke brechen. Luftdicht verpackt aufbewahren.

Für das Sorbet:

4 Den Zucker mit 250 ml Wasser in einen Topf geben und aufkochen. Das Kakaopulver einrühren und alles bei schwacher Hitze 2–3 Minuten weiterköcheln lassen. Die gehackte Schokolade in eine Schüssel füllen.

5 Den Sirup durch ein Sieb über die Schokolade gießen. Verrühren, bis die Schokolade vollständig geschmolzen und eine glatte Masse entstanden ist. Die Schüssel zum schnellen Abkühlen in Eiswasser stellen. Das Himbeerpüree unterrühren.

6 Die Masse in die Eismaschine füllen und nach Herstellerangaben gefrieren lassen. Das Sorbet mit den Schokoladen-Hippen dekorieren und servieren.

JOGHURT-ORANGEN-EIS am Stiel mit Schokoladenüberzug & Kakaobruch

Dieses fruchtige Eis war während meiner Zeit bei Anton Edelmann im »The Savoy« eines der beliebtesten Desserts.

Für 8–10 Personen oder 40 Petits Fours

Für das Joghurt-Orangen-Eis:
500 ml Orangensaft
185 g Zucker
120 g Eigelb (von etwa 6 Eiern)
225 g Crème fraîche
275 g griechischer Joghurt (10 % Fett)
abgeriebene Schale von 2 Bio-Orangen

Für Schokoladenüberzug & Deko:
300 g Edelbitter-Schokolade, gehackt
150 g Kakaobutter, gehackt
35 g Kakaobruch

Außerdem: Eismaschine und Portions-Eisförmchen mit Stiel.

1 Den Orangensaft aufkochen. Bei mittlerer Hitze etwa 10 Minuten köcheln und dabei auf 300 ml reduzieren lassen. Dann 85 g Zucker einrühren. Inzwischen die Eigelbe mit dem restlichen Zucker hell und schaumig schlagen. Die Hälfte des Orangensafts unterrühren. Den Eigelbschaum zurück zum restlichen Saft in den Topf gießen. Alles bei schwacher Hitze unter Rühren auf 82–84 °C erwärmen. Die Flüssigkeit soll so weit andicken, dass sie den Rücken eines Löffels deckend überzieht, ohne auseinanderzulaufen. Die Masse durch ein Sieb in eine Schüssel streichen, in Eiswasser stellen und schnell abkühlen lassen.

2 Crème fraîche, Joghurt und die Orangenschale sorgfältig unter die abgekühlte Masse rühren. In einem gut verschlossenen Behälter über Nacht kalt stellen, damit sich der Geschmack entfalten kann *(siehe Tipp Seite 202)*. In die Eismaschine füllen und nach Herstellerangaben gefrieren lassen.

3 Das Eis direkt aus der Maschine in die Förmchen füllen. Etwa 1 Stunde in den Gefrierschrank stellen. Die Stiele in die Förmchen stecken und erneut über Nacht tiefkühlen. Für den Überzug Schokolade und Kakaobutter in einer Schüssel im Wasserbad schmelzen und auf 45 °C erwärmen. Dann auf 38 °C abkühlen lassen. Die Lollies aus den Förmchen lösen und in die Schokolade tauchen, bis sie vollständig überzogen sind. Mit Kakaobruch bestreuen und wieder tiefkühlen, damit der Überzug fest wird.

MANDELMILCH-EIS am Stiel mit nussigem Schokoladenüberzug

Hier versteckt sich himmlisch cremige Mandelmilch-Eiscreme unter einer knusprigen Schicht Edelbitter-Schokolade.

Für 8–10 Personen oder 40 Petits Fours

Für das Mandelmilch-Eis:
500 ml Milch
60 g Mandeln, leicht geröstet
200 g Sahne
125 g Zucker
120 g Eigelb (von etwa 6 Eiern)

Für Schokoladenüberzug & Dekoration:
300 g Edelbitter-Schokolade (63 % Kakaoanteil), gehackt
150 g Kakaobutter, gehackt
35 g Mandeln, geröstet und fein gehackt

Außerdem: Eismaschine und Portions-Eisförmchen mit Stiel.

1 Die Milch aufkochen, die Mandeln hineingeben und bei schwacher Hitze 5 Minuten köcheln lassen. Die Mandelmilch im Standmixer fein pürieren. Durch ein Sieb in einen Topf streichen. Sahne und 100 g Zucker unterrühren und erneut aufkochen.

2 Inzwischen die Eigelbe mit dem restlichen Zucker in einer Schüssel in 2–3 Minuten hell und schaumig schlagen. Die Hälfte der heißen Milch unterrühren. Den Eigelbschaum zurück zur restlichen Milch in den Topf gießen. Alles bei schwacher Hitze unter Rühren auf 82–84 °C erwärmen. Die Flüssigkeit soll so weit andicken, dass sie den Rücken eines Löffels deckend überzieht, ohne auseinanderzulaufen. Die Masse durch ein Sieb in eine Schüssel streichen, in Eiswasser stellen und schnell abkühlen lassen. Gut abgedeckt über Nacht im Kühlschrank ruhen lassen, damit sich der Geschmack entfalten kann *(siehe Tipp Seite 202)*. In die Eismaschine füllen und nach Herstellerangaben gefrieren lassen.

3 Das Eis direkt aus der Maschine in die Eisförmchen füllen. Etwa 1 Stunde in den Gefrierschrank stellen. Die Stiele in die Förmchen stecken und erneut über Nacht tiefkühlen. Für den Überzug Schokolade und Kakaobutter in einer Schüssel im Wasserbad schmelzen und auf 45 °C erwärmen. Dann auf 38 °C abkühlen lassen. Das Eis aus den Förmchen lösen und einzeln in die Schokolade tauchen, bis es vollständig überzogen ist. Mit gehackten Mandeln bestreuen und zurück in den Gefrierschrank stellen, damit der Überzug fest wird.

SCHOKOLADEN-KAFFEE-EIS in knusprigen Schokoladenwaffeln

Die Schokoladenwaffeln selbst herzustellen, ist zwar aufwendiger, aber die Mühe lohnt sich. Denn damit kann man wunderbar Eindruck schinden.

Ergibt 12–15 Stück

Für die Schokoladenwaffeln:
150 ml Orangensaft
200 g Gelierzucker
100 g Butter
40 g Glukosesirup
65 g Mehl, gesiebt
10 g Kakaopulver, gesiebt
70 g Kokosflocken
30 g Haselnusskerne, fein gehackt

Für das Schokoladen-Kaffee-Eis:
500 ml Milch
4 g frisch gemahlene Espresso-Bohnen
120 g Sahne
120 g Eigelb (von etwa 6 Eiern)
85 g Zucker
50 g Kakaopulver
Edelbitter-Schokolade
(63 % Kakaoanteil), gehackt
Kakaobruch, grob gehackt,
zum Dekorieren

Für die Schokoladenwaffeln:

1 Den Backofen auf 180 °C vorheizen. Orangensaft, Gelierzucker, Butter und Glukosesirup aufkochen. Mehl und Kakaopulver dazugeben und bei schwacher Hitze 2–3 Minuten unter Rühren köcheln lassen. Vom Herd nehmen. Kokosflocken und Haselnusskerne einrühren. Abkühlen lassen.

2 Auf einen Bogen Backpapier Halbkreise (20 cm Ø) zeichnen. Das Papier auf ein Backblech legen. Mit einer Winkelpalette je etwa 25 g Masse in die Halbkreise streichen. Im Ofen 4–5 Minuten backen, bis die Masse dunkler geworden ist und sich winzige Löcher darin gebildet haben. Aus dem Ofen nehmen und die Halbkreise sofort um eine zylindrische Form (z. B. ein Stanitzelholz, *Bezugsquellen siehe Seite 224*) wickeln, sodass Waffeltüten entstehen. Dabei die Seiten leicht überlappen lassen. So fortfahren und insgesamt 15 Waffeltüten backen und formen. Am besten in Etappen backen, da die Halbkreise zum Formen noch warm sein müssen. Die Waffeltüten vollständig abkühlen lassen. In einem luftdicht schließenden Behälter aufbewahren.

Für das Eis:

3 Milch und gemahlenen Espresso in einem Topf aufkochen. Vom Herd nehmen, mit Frischhaltefolie abdecken und etwa 20 Minuten ziehen lassen. Die aromatisierte Milch in einen zweiten Topf abseihen. Die Sahne zugießen und erneut aufkochen. Inzwischen die Eigelbe mit dem Zucker in einer Schüssel in 2–3 Minuten schaumig schlagen. Das Kakaopulver unterrühren.

4 Die Hälfte der heißen Milch sorgfältig unterrühren. Den Eigelbschaum zurück zur restlichen aromatisierten Milch in den Topf gießen. Alles bei schwacher Hitze unter Rühren auf 82–84 °C erwärmen. Vom Herd nehmen. Die gehackte Schokolade in eine Schüssel füllen. Die heiße Milch durch ein feines Sieb darübergießen und rühren, bis die Schokolade geschmolzen und eine glatte Masse entstanden ist. Die Schüssel in Eiswasser stellen und die Masse schnell abkühlen lassen.

5 Gut abdecken und über Nacht im Kühlschrank ziehen lassen, damit sich der Geschmack voll entfalten kann *(siehe Tipp Seite 202)*. In die Eismaschine füllen und nach Herstellerangaben gefrieren lassen. Das Eis direkt aus der Maschine mit einem Spritzbeutel (8 mm Sterntülle) in die Waffeltüten spritzen. Mit Kakaobruch bestreuen und sofort servieren.

Varianten

Gianduja-Eiscreme in knusprigen Schokoladenwaffeln:
Das Eis wie links beschrieben zubereiten. Dabei jedoch bei Schritt 1 den Espresso weglassen. Kakaopulver und Edelbitter-Schokolade durch 225 g Gianduja und 25 g Nugatcreme *(siehe Seiten 158–159)* ersetzen. Ebenfalls in Schokoladenwaffeln servieren.

Eis mit karamellisierter weißer Schokolade & Miso-Paste in Orangen-Kokos-Waffeln:
Für das Eis 240 g weiße Schokolade karamellisieren. Diese dafür fein hacken auf einem mit einer Silikonmatte belegten Backblech verteilen. Im auf 130 °C vorgeheizten Ofen 90 Minuten backen, bis sie sich leicht golden färbt. Die Schokolade dabei alle 20 Minuten wenden und vermischen, damit sie gleichmäßig karamellisiert. Das Eis zubereiten wie im Rezept links beschrieben. Dabei allerdings den Espresso durch 50 g Miso-Paste und die Edelbitter-Schokolade durch die karamellisierte weiße Schokolade ersetzen. Das Kakaopulver weglassen. Die Waffeln ebenfalls wie links beschrieben zubereiten. Statt Kakaopulver, Kokosflocken und gehackten Haselnusskernen jedoch 100 g Kokosflocken in die Masse rühren.

Außerdem: Für dieses Rezept benötigen Sie eine Eismaschine.

Bild von links nach rechts: Gianduja-Eiscreme in Schokoladenwaffel; Schokoladen-Kaffee-Eis in Schokoladenwaffel; Eis mit karamellisierter weißer Schokolade & Miso-Paste in Orangen-Kokos-Waffel

GRANITA AUS DUNKLER SCHOKOLADE
mit gedünsteten Brombeeren

In unserer Dessert-Bar servieren wir dieses Gericht als kleinen Zwischengang. Es ist herrlich erfrischend und reinigt den Gaumen.

Für 10–12 Personen

½ Vanilleschote, längs aufgeschlitzt
100 g Zucker
35 g Kakaopulver, gesiebt
60 g Edelbitter-Schokolade (63 % Kakaoanteil), gehackt

Für das Brombeerkompott:
½ Vanilleschote, längs aufgeschlitzt
200 g Zucker
250 g Brombeeren

Variante

Für eine **Granita aus Milchschokolade & Jasmintee mit Aprikosenkompott** das Kakaopulver durch 10 g Jasmintee-Blätter ersetzen und diese 2–3 Stunden im Sirup ziehen lassen. Dann erneut aufkochen und durch ein Sieb in eine Schüssel über 60 g fein gehackte Milchschokolade gießen. Glatt rühren und fortfahren wie ab Schritt 4 beschrieben. Das Brombeerkompott ebenfalls zubereiten wie beschrieben. Dabei jedoch nur 100 g Zucker verwenden und die Brombeeren durch 600 g entsteinte und geviertelte Aprikosen ersetzen. Diese 3–4 Minuten im Sirup köcheln lassen, dann vom Herd nehmen.

Für das Brombeerkompott:

1 Das Mark aus der Vanilleschote schaben. Mark und Schote mit dem Zucker und 200 ml Wasser in einen Topf geben. Aufkochen und die Brombeeren zufügen. Vom Herd nehmen und abkühlen lassen (die Brombeeren garen in der Restwärme).

Für die Granita:

2 Die Dessertteller für mindestens 30 Minuten in den Gefrierschrank stellen. Das Mark aus der Vanilleschote schaben. Mark und Schote mit dem Zucker und 500 ml Wasser in einen Topf geben und aufkochen.

3 Das Kakaopulver zufügen und mit dem Schneebesen unterrühren. Bei schwacher Hitze 2–3 Minuten köcheln lassen. Inzwischen die gehackte Schokolade in eine Schüssel füllen. Den Kakaosirup vom Herd nehmen und durch ein Sieb über die Schokolade gießen. Alles glatt rühren.

4 Die Schüssel in Eiswasser stellen und die Masse möglichst schnell abkühlen lassen. In einen flachen Behälter umfüllen. (Je breiter der Behälter ist, desto schneller ist die Granita fertig.) Für 1–2 Stunden in den Gefrierschrank stellen, bis die Masse an den Rändern gefroren ist.

5 Die Granita aus dem Gefrierschrank nehmen. Das Eis mit einer Gabel von den Rändern abschaben und in die Mitte rühren. Den Behälter zurück in den Gefrierschrank stellen. Diesen Vorgang etwa 2 Stunden lang alle 30 Minuten wiederholen, bis eine flockige Eismasse entstanden ist.

6 Die Granita vor dem Servieren nochmals mit einer Gabel auflockern. Portionsweise mit etwas Brombeerkompott auf den gekühlten Desserttellern anrichten.

VANILLEEIS MIT SCHOKOLADENSAUCE

Diese Kombination ist ein echter Klassiker. Warme Schokoladensauce zu cremigem Vanilleeis – was will man mehr?

Für 8–10 Personen

Für das Vanilleeis:
500 ml Milch
200 g Sahne
125 g Zucker
1 Vanilleschote, längs aufgeschlitzt
120 g Eigelb (von etwa 6 Eiern)

Für die Schokoladensauce:
150 ml Milch
35 g Sahne
30 g Zucker
200 g Edelbitter-Schokolade (63 % Kakaoanteil), gehackt
30 g weiche Butter, gewürfelt

Für das Vanilleeis:

1 Milch, Sahne und 60 g Zucker in einem Topf mischen. Das Mark aus der Vanilleschote schaben. Mark und Schote zugeben und aufkochen. Inzwischen die Eigelbe in einer Schüssel mit dem restlichen Zucker in 2–3 Minuten schaumig schlagen.

Außerdem: Für dieses Rezept benötigen Sie eine Eismaschine.

2 Die Hälfte der heißen Vanillemilch sorgfältig unter die schaumige Masse rühren. Den Eigelbschaum zurück zur restlichen Vanillemilch in den Topf gießen. Alles bei schwacher Hitze unter ständigem Rühren auf 82–84 °C erwärmen. Die Flüssigkeit soll so weit andicken, dass sie den Rücken eines Löffels deckend überzieht, ohne auseinanderzulaufen. Vom Herd nehmen und durch ein feines Sieb in eine Schüssel streichen. Die Schüssel in Eiswasser stellen und die Masse möglichst schnell abkühlen lassen.

3 Die Vanillemasse gut abdecken und über Nacht im Kühlschrank ziehen lassen, damit sich der Geschmack voll entfalten kann *(siehe Tipp Seite 202)*.

4 Die Vanillemasse dann in die Eismaschine füllen und nach Herstellerangaben gefrieren lassen.

Kurz vor dem Servieren für die Schokoladensauce:

5 Milch, Sahne und Zucker aufkochen. Die gehackte Schokolade in eine Schüssel füllen. Die heiße Milch darübergießen und verrühren, bis die Schokolade vollständig geschmolzen und eine glatte Masse entstanden ist. Die Butterwürfel unterziehen, bis sie sich vollständig aufgelöst haben.

6 Das Vanilleeis in gekühlten Dessertschalen anrichten. Mit der warmen Schokoladensauce übergießen und sofort servieren.

SCHOKOLADEN-NUGAT-CREME mit Brioche

Passt ebenso gut zum gemütlichen Wochenendfrühstück im Bett wie zum Nachmittagskaffee.

Für 8–10 Personen

Für die Brioche:
200 g Mehl, gesiebt, plus mehr für die Form
30 g Zucker
6 g Salz
140 g Eier (etwa 3 Stück)
¼ Würfel frische Hefe (10 g)
120 g weiche Butter, gewürfelt, plus mehr für die Form
Eistreich *(siehe Seite 144)*

Für die Schokoladen-Nugat-Creme:
175 g Milchschokolade (35 % Kakaoanteil), fein gehackt
50 g Edelbitter-Schokolade (66 % Kakaoanteil), fein gehackt
200 g Sahne
175 g Nugatcreme *(siehe Seiten 158–159)*

Außerdem:
1 Kastenform (20 cm lang)

Für die Brioche:

1 Mehl, Zucker und Salz in eine Rührschüssel geben. Die Eier in einer kleinen Schüssel verquirlen. Die Hefe dazukrümeln und unterrühren. Dann zur Mehlmischung gießen.

2 Alles mit den Knethaken des Handrührgeräts bei mittlerer Geschwindigkeit 10–12 Minuten verkneten, bis der Teig glatt ist und sich vom Schüsselrand löst. Die Butterwürfel einzeln zugeben und jeweils gut unterkneten. Weiterkneten, bis der Teig sich wieder vom Schüsselrand löst.

3 Den Teig mit Frischhaltefolie abdecken und etwa 30 Minuten gehen lassen, bis er sein Volumen verdoppelt hat. Den Teig erneut kurz durchkneten, damit die Gärgase entweichen. Wieder in Frischhaltefolie wickeln und mindestens 1 Stunde im Kühlschrank ruhen lassen. Inzwischen den Backofen auf 200 °C vorheizen. Die Form fetten und leicht mit Mehl bestäuben.

4 Den Teig in die Form legen. Nochmals gehen lassen, bis sich sein Volumen verdoppelt hat. Die Oberfläche mit Eistreich bepinseln. Die Brioche im Ofen in 25–30 Minuten goldbraun backen. Die Ofentemperatur auf 180 °C reduzieren und die Brioche 6–8 Minuten weiterbacken. Herausnehmen und einige Minuten abkühlen lassen. Dann aus der Form lösen und auf einem Kuchengitter vollständig abkühlen lassen.

Für die Schokoladen-Nugat-Creme:

5 Die Schokolade in eine Schüssel füllen. Die Sahne aufkochen und darübergießen. Verrühren, bis die Schokolade geschmolzen und eine glatte Masse entstanden ist. Die Nugatcreme untermischen. Die fertige Creme in ein sauberes Schraubglas füllen. (Kühl und trocken gelagert ist die Creme etwa 1 Woche haltbar). Die Brioche in Scheiben schneiden und mit der Schokoladen-Nugat-Creme servieren.

HEISSE MATCHA-SCHOKO-MILCH
mit Grüntee-Küchlein

In Japan ist heiße Milch mit Matcha ein sehr beliebtes Getränk. Wir geben noch weiße Schokolade hinein, um das Gebäck abzurunden.

Für 2 Becher, plus 32 Küchlein

Für die Grüntee-Küchlein:
125 g Butter, gewürfelt
115 g Eiweiß (von etwa 4 Eiern)
125 g Zucker
115 g gemahlene Mandeln
15 g gemahlene Haselnusskerne
5 g Matcha (Grüntee-Pulver)
40 g Mehl, gesiebt
schwarze & weiße Sesamsamen, geröstet, zum Bestreuen

Für die Matcha-Schoko-Milch:
5 g Matcha (Grüntee-Pulver)
80 g weiße Schokolade, fein gehackt
500 ml Milch

Außerdem: 2 Silikonformen (mit je 16 ovalen Mulden)

Für die Grüntee-Küchlein:

1 Die Butter in einem Töpfchen schmelzen lassen. Weiter erhitzen, bis sie sich golden färbt und nussig duftet. Abkühlen lassen.

2 Die Eiweiße mit dem Zucker in einer großen Schüssel von Hand schaumig schlagen. Mandeln, Haselnusskerne und Matcha-Pulver untermischen. Zuletzt die Butter unterrühren.

3 Das Mehl von Hand unterheben. Die Masse mindestens 30 Minuten im Kühlschrank ruhen lassen. Inzwischen den Backofen auf 160 °C vorheizen.

4 Die Masse in einen Spritzbeutel mit 15 mm Lochtülle geben und die Mulden der Silikonformen bis knapp unter den Rand damit füllen. Schwarze und weiße Sesamsamen daraufstreuen. Die Küchlein im Ofen etwa 20 Minuten backen, bis sie goldbraun sind und die Oberfläche bei sanftem Druck zurückfedert. Die Küchlein aus dem Ofen nehmen und abkühlen lassen. Dann aus den Formen lösen. In einem luftdicht schließenden Behälter aufbewahren.

Für die Matcha-Schoko-Milch:

5 Das Matcha-Pulver mit 10 ml Wasser glatt rühren, bis keine Klümpchen mehr vorhanden sind. Dafür einen japanischen Tee-Besen oder alternativ einen Schneebesen verwenden.

6 Die weiße Schokolade in eine Schüssel füllen. Milch und Matcha-Paste in einem Topf mischen und bei mittlerer Hitze unter Rühren zum Sieden bringen. Vom Herd nehmen und sofort über die Schokolade gießen. Verrühren, bis die Schokolade vollständig geschmolzen ist. Dann mit einem Milchaufschäumer luftig aufschlagen.

7 Die heiße Matcha-Milch in zwei Becher füllen und den Milchschaum darauf verteilen. Mit den Grüntee-Küchlein servieren.

SCHWARZWÄLDER-KIRSCH-SHAKE

Ein Milchshake für Erwachsene – die Idee, eine klassische Schwarzwälder Kirschtorte in einen Drink zu packen, ist richtig klasse.

Für 2 Gläser

150 g **Schokoladeneis** *(siehe Seite 206)*, jedoch ohne Espresso zubereitet
85 g **Vanilleeis** *(siehe Seite 210)*
200 ml Milch
100 g **Kirschkompott** *(siehe Seite 177)*
eingelegte Sauerkirschen (»Griottes«, *(Bezugsquellen siehe Seite 224)* zum Dekorieren
Schokoladenspäne zum Dekorieren *(siehe Seite 106)*

1 Beide Eissorten, Milch und Kirschkompott in ein hohes Gefäß füllen und mit dem Pürierstab fein pürieren.

2 Den Shake in zwei hohe Gläser füllen. Mit eingelegten Kirschen und Schokoladenspänen dekorieren und sofort servieren.

SCHOKOLADEN-DRINK MIT MINZE und Crème Chantilly

Schokolade und Minze sind eine klassische Kombination – serviert als kühler Drink ein besonders erfrischender Genuss.

Für 4 Gläser

500 ml Milch
7 g frische Minzeblätter
75 g Edelbitter-Schokolade (70 % Kakaoanteil), gehackt
1 Rezept **Crème Chantilly** *(siehe Seite 162)*
Schokoladenröllchen *(siehe Seite 153)* und frische Minzeblättchen zum Dekorieren

1 Die Milch aufkochen. Vom Herd nehmen und die Minze hineingeben. Mit Frischhaltefolie abdecken und 30 Minuten ziehen lassen.

2 Abseihen und dabei die Minze entfernen. Die aromatisierte Milch zurück in den Topf gießen. Erneut aufkochen. Die Schokolade in eine Schüssel füllen. Die heiße Milch darübergießen. Verrühren, bis die Schokolade vollständig geschmolzen ist. Die Schüssel dann in Eiswasser stellen und die Schokomilch schnell abkühlen lassen.

3 Vier Gläser zu je drei Vierteln mit dem kalten Schokoladendrink füllen. Zwei Teelöffel erwärmen und damit vier Nocken von der Crème Chantilly abstechen. Die Nocken auf die Gläser setzen. Den Drink mit Schokoladenröllchen und Minzeblättchen dekorieren. Sofort servieren.

SCHOKO-MILCHSHAKE

Schokoshakes erinnern mich immer an meine Kindheit. Heute bereite ich sie mit dunklem Schokoladeneis zu – herrlich dekadent!

Für 2 Gläser

280 ml Milch
300 g **Schokoladeneis** *(siehe Rezept Seite 206)*, jedoch ohne Espresso zubereitet

1 Milch und Eis in ein hohes Gefäß füllen und mit dem Pürierstab fein mixen. Alternativ von Hand in einer großen Schüssel cremig verschlagen. (Dafür muss das Eis allerdings sehr weich sein.)

2 Den Shake in zwei hohe Gläser füllen und sofort servieren.

Foto nächste Seite von links nach rechts:
Schwarzwälder-Kirsch-Shake, Schokoladendrink mit Minze, Schoko-Milchshake

TROPICAL BREEZE

Der perfekte Cocktail für Partys.

Für 4 Gläser

Für die Fruchtschicht:
100 g Mangopüree
(*siehe* Johannisbeerpüree *Seite 124*)
100 g Maracujapüree
(*siehe* Johannisbeerpüree *Seite 124*)
25 g Gelierzucker

Für die Schoko-Rum-Schicht:
50 g Zucker
85 g Edelbitter-Schokolade
(70 % Kakaoanteil), gehackt
75 ml dunkler Rum

Für den Kokosschaum:
100 g Kokosnusspüree (Fertigprodukt)
oder Kokosmilch
75 g Sahne
30 ml Milch
25 ml Kokoslikör

1 Für die Fruchtschicht beide Pürees zusammen aufkochen. Den Gelierzucker unterrühren und bei mittlerer Hitze noch 1–2 Minuten köcheln lassen. Abkühlen lassen.

2 Für die Schoko-Rum-Schicht den Zucker mit 175 ml Wasser aufkochen. Inzwischen die gehackte Schokolade in eine Schüssel füllen. Den heißen Sirup darübergießen und verrühren, bis die Schokolade vollständig geschmolzen ist. Abkühlen lassen, dann den Rum unterrühren.

3 Für den Kokosschaum alle Zutaten in einer Schüssel verrühren und zu leichtem Schaum aufschlagen.

4 Zum Servieren das Fruchtpüree auf vier Gläser verteilen. Die Schokoladenmasse vorsichtig am Rücken eines Löffels entlang in die Gläser laufen lassen. Zuletzt den Kokosschaum darauf verteilen. Verrühren und genießen.

WEISSER-SCHOKOLADEN-MARTINI

Der Klassiker verfeinert mit Schokolade.

Für 4 Gläser

temperierte Edelbitter-Schokolade
(*siehe Seiten 18–19*) zum Dekorieren
240 g Sahne
150 g weiße Schokolade, fein gehackt
85 g Zucker
100 ml Wodka
50 ml Wermut
Eiswürfel zum Shaken

1 Die temperierte Schokolade in einen kleinen Spritzbeutel aus Papier füllen und dünne Linien in vier Martini-Gläser spritzen. Die Gläser bis zur Verwendung in den Kühlschrank stellen.

2 Die Sahne aufkochen. Die gehackte Schokolade in eine Schüssel füllen. Die heiße Sahne darübergießen und verrühren, bis die Schokolade vollständig geschmolzen ist. Abkühlen lassen. Inzwischen den Zucker mit 85 ml Wasser aufkochen. Abkühlen lassen.

3 Wodka, Wermut und den abgekühlten Sirup in einen Cocktailshaker gießen. Die weiße Schokolade und einige Eiswürfel zufügen und schütteln, bis alles gut vermischt ist. In die gekühlten Gläser gießen und sofort servieren.

ZUTATEN & AUSSTATTUNG

ZUTATEN

Wählen Sie Ihre Zutaten sorgfältig aus und nehmen Sie sich Zeit, um das Angebot zu prüfen. So finden Sie sicher, was Sie suchen.

Alkohol: Es müssen nicht die teuersten Produkte sein, sie sollten aber auch für sich alleine schmecken. Dunkler Rum, Kirschwasser und Orangenlikör kommen im Kapitel Patisserie oft zum Einsatz *(siehe Seiten 150–197)*.

Butter: Verwenden Sie nur hochwertige Butter und ersetzen Sie diese niemals durch Margarine – das würde sich negativ auf das fertige Produkt auswirken. Wie Sie den Rezepten entnehmen können, ist vorausschauendes Arbeiten wichtig: Butter für Ganache sollte eine Temperatur von etwa 38 °C haben, damit sie sich richtig mit der Masse verbinden kann. Auch für viele Kuchen muss die Butter Raumtemperatur haben.

Eier: Für meine Rezepte verwende ich große Eier (Gewichtsklasse L). Um zu prüfen, ob die Menge wirklich stimmt, wiege ich die (getrennten) Eier ab. Gewöhnlich wiegt 1 Eigelb 20 g, 1 Eiweiß 30 g und 1 ganzes Ei 50 g.

Feuillantine: Getrocknete und zerbröselte Gebäckstückchen, mit denen man Feingebäck eine wunderbar knusprige Textur verleihen kann. Als Alternative können Sie Cornflakes verwenden.

Gelatine: Wir verwenden für alle unsere Rezepte Blattgelatine, die in jedem Supermarkt erhältlich ist. Ich wiege sie immer ab, da das Gewicht von Hersteller zu Hersteller schwanken kann. Vor der Verwendung muss die Gelatine etwa 10 Minuten in kaltem Wasser (je kälter, desto besser) eingeweicht werden. Dann gründlich ausdrücken und je nach Rezept in der warmen Flüssigkeit auflösen. Gelatine in Pulverform nach den jeweiligen Herstellerangaben verwenden.

Gewürze: Kaufen Sie Ihre Gewürze möglichst »im Stück«. Kurz vor der Verwendung dann frisch reiben (zum Beispiel Muskatnuss) oder mit dem Teigroller zerstoßen (zum Beispiel Kardamom oder Anis). Sobald Gewürze gemahlen, zerstoßen oder gerieben wurden, verlieren sie schnell ihr Aroma. Deshalb immer nur in kleinen Mengen kaufen und gegebenenfalls tiefkühlen.

Gianduja: Die nugatähnliche Masse aus Schokolade, Kakao und gemahlenen Haselnüssen ist eine Spezialität aus dem Piemont, besonders aus der Stadt Turin.

Honig: Am besten im Bioladen, im Fachhandel oder auf dem Wochenmarkt kaufen. Jede Honigsorte (zum Beispiel Lavendel- oder Kastanienhonig) hat ihren eigenen, ganz besonderen Geschmack. Mein Lieblingshonig ist der aus Richmond Park – er besitzt ein einzigartiges Klee-Aroma.

Kaffee & Tee: Möglichst im Fachhandel kaufen und dabei ruhig etwas mehr für Qualitätsprodukte ausgeben – es lohnt sich.

Kinako: Ist auch als Sojabohnenmehl bekannt. Bei der Herstellung werden geröstete Sojabohnen zu feinem Puder vermahlen. Sie finden es in Asia-Läden oder im Internet.

Kräuter: Verwenden Sie nur frische Kräuter. Ideal, wenn Sie Kräuter im eigenen Garten oder auf dem eigenen Balkon ernten können. Ist dies nicht möglich, kaufen Sie Ihre Kräuter am besten von lokalen Erzeugern oder auf dem Wochenmarkt. Vermeiden Sie im Supermarkt angebotene Kräutertöpfchen: Ihnen fehlt es meist an Geschmack, da sie schnell hochgezüchtet wurden.

Marzipanrohmasse: Sie besteht zu etwa gleichen Teilen aus blanchierten, gemahlenen Mandeln und Zucker. Diese werden abgeröstet und zu einer Paste verarbeitet.

Matcha: Das Pulver aus fein gemahlenen Grüntee-Blättern ist in Asia-Läden oder im Internet erhältlich. Das Pulver wird in verschiedenen Qualitätsklassen verkauft. Ich empfehle Ihnen, verschiedene zu probieren, bis Sie Ihren persönlichen Favoriten finden.

Mehl: Wenn nicht anders angegeben, verwenden Sie stets Weizenmehl der Type 405.

Milch: Verwenden Sie immer Vollmilch und ersetzen Sie diese nicht durch eine fettarme Variante. Das bringt nichts!

Mandeln & Nusskerne: Beide sollten möglichst frisch verwendet werden, denn ihre Qualität leidet durch längeres Lagern. Werden Nüsse nicht sofort verwendet, frieren Sie sie einfach ein. Ich empfehle Ihnen für meine Rezepte besonders Haselnüsse aus dem Piemont und Mandeln aus Avola.

Sahne: Sie sollte bis zur Verwendung gut gekühlt werden. So lässt sie sich auch besser steif schlagen.

Schokoladenkuvertüre: Schon seit einigen Jahren sind Suzue und ich stolze Botschafter der Firma Amedei. Sie arbeiten direkt mit den Kakaobauern zusammen und sind so in jeden Arbeitsschritt der Herstellung involviert. So können sie einige der besten Kuvertüren herstellen, die heute auf dem Markt erhältlich sind: Chuao, Toscano 70 und 63, Toscano Milk und Gianduja, um nur einige Sorten zu nennen.

Süßer Schnee: Er ähnelt Puderzucker, löst sich in feuchter Umgebung aber nicht so schnell auf.

Vanilleschoten: Für einen wirklich guten Geschmack nach Vanille, verwenden Sie am besten echte Vanilleschoten anstelle von Vanillezucker oder Vanilleextrakt. Auch hier gibt es große Qualitätsunterschiede, und Vanille kann sehr teuer sein. Ich kaufe meist Vanille aus Tahiti wegen ihres feinen Geschmacks oder die fruchtigere Variante aus Madagaskar. Zu empfehlen sind weiterhin Bourbon-Vanille oder mexikanische Vanille.

Yuzu: Diese japanische Zitrusfrucht verwenden wir in vielen unserer von Japan inspirierten Rezepte. Gute Alternativen sind Bio-Zitronen oder Bio-Limetten.

Zucker: Zum Backen verwende ich feinen Raffinadezucker, also den haushaltsüblichen weißen Zucker. Alternativ können Sie auch grobkörnigen weißen Zucker verwenden. In einigen Rezepten kommt Puderzucker zum Einsatz. Streng genommen handelt es sich dabei um sehr fein gemahlenen Raffinadezucker. Vor der Verwendung sollte er stets gesiebt werden. Weiterhin verwenden wir braune Zuckersorten, wie zum Beispiel Muscovado-Zucker mit seinem einzigartigen malzigen Geschmack. Kürzlich haben wir auch braune Zuckersorten aus Japan kennengelernt, deren leichter Geschmack nach Molasse einigen unserer Rezepte eine neue Dimension verleiht. Invertzucker *(siehe Seite 23)* wird als Emulgator eingesetzt. Er kann problemlos durch feinen braunen Zucker, Glukose oder Honig ersetzt werden.

Bezugsquellen siehe Seite 224

AUSSTATTUNG

Im Laufe meiner Karriere hatte ich das Glück in Küchen zu arbeiten, die hervorragend ausgestattet waren. Ich hatte jedoch auch das Pech in winzigen Küchen mit wackeligen Öfen und wenig Gerät arbeiten zu müssen. Man muss sich den jeweiligen Gegebenheiten einfach anpassen. Hochwertige Ausrüstung ist nicht gerade günstig. Wenn Sie sich etwas anschaffen möchten, vergleichen Sie die Preise und suchen Sie auch im Internet.

Backbleche: Ich bevorzuge stabile Bleche ohne Rand der Größe 25,5 × 30 cm. Wenn Sie diese Größe nicht bekommen, verwenden Sie Bleche mit ähnlichem Umfang.

Backformen: Wenn Sie gerne backen, lohnt es sich, in die Anschaffung verschiedener Formen zu investieren. Für kleinere Kuchen empfehle ich flexible Silikonformen, da sich das Gebäck gut daraus lösen lässt. Für Kastenkuchen brauchen Sie stabile Kastenformen, am besten mit Antihaftbeschichtung. Das gilt ebenfalls für Tartelette-Formen.

Backpinsel: Sie kommen zum Beispiel beim Glasieren und Tränken von Kuchen oder beim Fetten der Formen zum Einsatz. Ich verwende nur Pinsel aus Silikon. Bei Pinseln mit Naturborsten besteht die Gefahr, dass manchmal ein Haar auf der Speise zurückbleibt.

Eismaschine: In unserer Branche verwendet man heute meist einen Paco Jet zur Herstellung von Eiscreme. Die Methode ist revolutionär: Die Grundmasse für das Eis wird erst in einem speziellen Behälter gefroren und dann püriert. Bei der traditionellen Herstellung dagegen wird während des Gefrierens konstant gerührt. Im Paco Jet dreht sich eine kleine Schneide mit sehr hohen Umdrehungen. Das Ergebnis ist ein wunderbar leichtes und cremiges Speiseeis. Aber kaum jemand kann sich so ein teures Gerät leisten. Zum Glück gibt es im Handel eine Menge guter Eismaschinen zu erschwinglichen Preisen. Vergleichen Sie die Preise und denken Sie beim Kauf daran, dass Sie den Gefrierbehälter gegebenenfalls vor der Eiszubereitung tiefkühlen müssen.

Holzstäbchen für die Garprobe: Simpel, aber wirkungsvoll. Um zu testen, ob ein Kuchen durchgebacken ist, stechen Sie mit einem Holzstäbchen in die dickste Stelle und ziehen es wieder heraus. Haftet kein Teig mehr daran, ist der Kuchen fertig.

Kochtöpfe: Verwenden Sie Töpfe mit schwerem Boden und, wenn möglich, mit Griffen, die kühl bleiben. Produkte von schlechter Qualität verziehen und verformen sich schnell, leiten die Hitze unregelmäßig weiter und halten nicht sehr lange.

Kuchengitter: Zum Abkühlen von Kuchen und Torten eignet sich ein einfaches Kuchengitter oder auch ein Kandiergitter.

Küchenwaage: Eine gute Küchenwaage ist unerlässlich. Ich empfehle elektronische Digitalwaagen, am besten mit einer Teilung von 1 g. Damit lassen sich die Zutaten sehr präzise abwiegen. Im Handel findet man auch preisgünstige Modelle.

Messer: Ich empfehle Messer aus rostfreiem Stahl. Neben guten Messern sollten Sie auch einen guten Wetzstahl besitzen. Zur Grundausstattung gehören ein Gemüsemesser, ein Chefkochmesser, ein Brotmesser (mit Wellenschliff), eine kleine und eine große Palette sowie eine Winkelpalette. Messer niemals in die Geschirrspülmaschine geben, das beschädigt die Klingen.

Mixer: In meiner Küche verwende ich einen Thermomix – nicht das günstigste Küchengerät, aber sehr leistungsstark, vielseitig einsetzbar und ideal für die Herstellung von Nugatcreme *(siehe Seiten 158–159)*. Der Küchenfachhandel bietet eine breite Auswahl an Mixern. Kaufen Sie in jedem Fall ein robustes Gerät. Auch ein Pürierstab ist sehr praktisch, denn damit lässt sich sauber arbeiten.

Pralinenformen: Im Fachhandel gibt es eine große Auswahl an Formen, manche aus relativ dünnem Kunststoff. Sie eignen sich gut für den Anfang, halten aber nicht lange. Wir verwenden Pralinenformen aus Polykarbonat, die bei guter Behandlung lange genutzt werden können. Wichtig ist es, die Formen vor dem Gebrauch mit Watte oder einem sauberen, trockenen Baumwolltuch zu polieren, damit die fertigen Pralinen schön glänzen.

Rollholz/Teigroller: Obwohl es mittlerweile sehr gute Teigroller aus Silikon gibt, bevorzuge ich immer noch das klassische französische Rollholz. Es ist keine schlechte Idee, mindestens zwei davon in der Küche zu haben: eines, um Marzipan auszurollen, das zweite für Teige.

Schnee- & Rührbesen: Sie müssen einiges aushalten können. Ich bevorzuge Modelle aus rostfreiem Stahl. Wenn Sie keine Küchenmaschine besitzen, empfehle ich zum Aufschlagen von Eiweiß einen kurzen, abgerundeten Schneebesen mit weichen Drähten. Schlanke Rührbesen mit langem Griff eignen sich gut für Flüssigkeiten und festere Massen.

Schokoladenfolie/Dekorfolie: Kunststofffolien (meistens aus Azetat), mit denen man Pralinen eine glänzend glatte Oberfläche verleihen kann. Sie sind glatt oder mit Muster erhältlich. Mit sogenannten Transferfolien lassen sich Muster (aus Lebensmittelfarbe) auf die Oberfläche von Pralinen und Schokolade auftragen. Die Folien vor der Verwendung immer gut mit einem Wattebausch polieren, damit die Schokolade später schön glänzt.

Siebe: Zum Filtern von Saucen oder Cremes eignet sich ein Milchsieb aus feinem Drahtgitter. Für trockene Zutaten wie Mehl oder Kakaopulver sollten Sie ein separates Sieb zur Hand haben, am besten ein spezielles Mehlsieb.

Silikonmatten & Backpapier: Meist verwende ich Silikonmatten, also wiederverwendbare, antihaftbeschichtete Backunterlagen. Sie sind kälte- und hitzebeständig und im Fachhandel oder Internet erhältlich. Eine gute Alternative ist Backpapier mit Silikonbeschichtung (heutzutage üblich).

Spachtel (Hörnchen): Sind nicht teuer und gehören in jede professionelle Küche. Sie eignen sich hervorragend dazu, Teig bis auf den letzten Rest aus der Schüssel zu schaben und Arbeitsflächen zu säubern.

Tarteformen & Mousserahmen: Verwenden Sie für Tartes und Tartelettes Backformen mit Antihaftbeschichtung. Rahmen für Mousses sollten aus rostfreiem Stahl gefertigt und stabil sein.

Teigschaber: Sind vielseitig einsetzbar, zum Beispiel um Ganache zu mischen oder um Eischaum unter Mousses zu heben. Am besten sind hitzebeständige Teigschaber aus Silikon mit leicht abgerundeter Fläche.

Wasserbad: Es gibt viele Möglichkeiten Schokolade zu schmelzen und zu temperieren: in einer Schüssel, die in einem Topf über heißem Wasser steht oder in einem professionellen, elektrisch beheizten *Bain Marie*. Es ist vor allem auch eine Kostenfrage. Eine gute Lösung sind spezielle Wasserbadtöpfe. Ihr Topfeinsatz ist so angepasst, dass kein Dampf in die Schokolade gelangen kann (wodurch sie verklumpen würde).

Vorratsdosen: Verwenden Sie immer Kunststoffdosen, die luftdicht verschlossen werden können. Darin bleiben Zutaten und Mischungen länger frisch.

Bezugsquellen siehe Seite 224

REGISTER

Seitenangaben mit Fotos sind *kursiv* gesetzt.

A

Äpfel
- Apfel & Brombeere (Pralinen Variante) ... 74, *75*
- Millefeuille ... 166, *167*

Aprikosen
- Aprikose & Wasabi (Japan-Pralinen) ... 72, *73*
- Aprikosen & Cranberrys (Schokoladentafeln) ... 88, *89*
- Biskuitroulade mit Schokolade & Aprikosen ... 170, *171*

B

»Baba au Rhum« mit Schokolade ... 162, *163*

Baiser
- Schokoladen-Baiser ... *116*, 117

Basilikum
- Basilikum & Pfeffer (Schokoladentafeln Variante) ... *90*, 91
- Thai-Basilikum (Pralinen Variante) ... 68, *69*

Birnen
- Schokoladentörtchen mit Schwarzen Johannisbeeren & Birnen ... 180, *181*

Biskuitroulade mit Schokolade & Aprikosen ... 170, *171*

Brioche
- Schokoladen-Nugat-Creme mit Brioche ... 211, *211*

Brombeeren
- Apfel & Brombeere (Pralinen Variante) ... 74, *75*

Brownies mit Maronen & Sesam ... 137, *137*

Butter (Info) ... 218

C

»Caramel mou« mit Meersalz ... 114, *115*

»Caramel mou« mit Schokolade ... 114, *115*

Chocolate-Chip-Cookies ... 146, *147*

Cranberrys
- Aprikosen & Cranberrys (Schokoladentafeln) ... 88, *89*
- Schokolade, dunkle, mit kandierten Pistazien, Sesam & Cranberrys (Schokoladen-Lollis) ... *98*, 99

Crème Chantilly ... 162, *163*

Criollo (Info) ... 12

D

Dacquoise
- Dacquoise mit Schoko-Nugat-Füllung ... 120, *121*
- Nuss-Dacquoise ... 36, *36–37*
- Yamazaki-Whisky-Trüffeln mit Dacquoise-Hülle ... 35, *34–35*

Dekorationen ... 58, *58–59*

Dekorationen aus Schokolade ... 152

Dekorationen in Pralinen prägen ... 60, *60*

Dekorieren mit Strukturfolien ... 61, *61*

E

Eier (Info) ... 218

Eis
- Eis mit karamellisierter weißer Schokolade & Miso-Paste in Orangen-Kokos-Waffeln (Variante) ... 206, *207*
- Gianduja-Eiscreme in knusprigen Schokoladenwaffeln (Variante) ... 206, *207*
- Joghurt-Orangen-Eis am Stiel mit Schokoladenüberzug & Kakaobruch ... *204*, 205
- Mandelmilch-Eis am Stiel mit nussigem Schokoladenüberzug ... *204*, 205
- Schokoladen-Erdnuss-Eis ... 202, *202*
- Schokoladen-Kaffee-Eis in knusprigen Schokoladenwaffeln ... 206, *207*
- Vanilleeis mit Schokoladensauce ... 210, *210*

Essig
- Essig, japanischer schwarzer (Japan-Pralinen Variante) ... 72, *73*
- Karamell mit Orange & Balsamico-Essig ... 80, *80–81*

Estragon
- Estragon & Senf (Pralinen) ... 70, *71*
- Ganache mit Estragon & Senf ... 48, *48–51*

F

Feigen
- Schokoladenkuchen mit Feigen ... 132, *133*

Feuillantine
- Feuillantine (Info) ... 218
- Feuillantine-Boden ... 54, *54–55*
- Haselnuss-Feuillantine-Küchlein ... 120, *120*

Financiers
- Schokoladen-Financiers mit Maracuja-Curd ... 172, *173*
- Schokoladen-Financiers mit Yuzu-Ganache ... *140*, 141

Florentiner ... 100, *100–101*

Florentiner-Variation ... 138, *139*

Folientechnik ... 157, *157*

Forastero (Info) ... 12

G

Ganache
- Ganache aromatisieren ... 48
- Ganache gießen ... 28, *28–29*
- Ganache Grundrezept ... 22, *22–23*
- Ganache mit Estragon & Senf ... 48, *48–51*
- Ganache schneiden ... 28, *28*
- Ganache spritzen ... *26–27*, 27
- Pralinen mit aromatisierter Ganache zubereiten ... 45, *45*
- Schokoküchlein mit Zimt-Ganache ... 144, *144*
- Schokoladen-Financiers mit Yuzu-Ganache ... *140*, 141

Gelatine (Info) ... 218

Getränke
- Matcha-Schoko-Milch, heiße, mit Grüntee-Küchlein ... 212, *213*
- Schwarzwälder-Kirsch-Shake ... 214, *215*
- Schokoladendrink mit Minze und Crème Chantilly ... 214, *215*
- Schoko-Milchshake ... 214, *215*
- Tropical Breeze ... *216*, 217
- Weißer-Schokoladen-Martini ... 217, *217*

Gianduja
- Gianduja (Info) ... 218
- Gianduja-Eiscreme in knusprigen Schokoladenwaffeln (Variante) ... 206, *207*
- Mandeln, kandierte, mit Gianduja ... 102, *103*

Granita
- Granita aus dunkler Schokolade mit gedünsteten Brombeeren ... *208*, 209
- Granita aus Milchschokolade & Jasmintee mit Aprikosenkompott (Variante) ... *208*, 209

Grapefruitschalen, kandierte, mit Kakaobruch ... *103–104*, *105*

Grüntee
- Houji Cha (Japan-Pralinen Variante) ... 72, *73*
- Matcha-Schoko-Milch, heiße, mit Grüntee-Küchlein ... 212, *213*
- Tee, grüner (Japan-Pralinen) ... 72, *73*

H

Haselnüsse
- Haselnüsse (Info) ... 218
- Haselnüsse, karamellisierte, in Kinako-Pulver ... *103–104*, *105*
- Paris-Brest mit Nugat & Schokolade ... 187, *189*
- Piemont-Haselnuss (Pralinen) ... *63*, 64

Haselnuss-Feuillantine-Küchlein ... 120, *120*

Himbeeren
- Himbeer (Trüffeln) ... 38, *39*
- Himbeere & Toscano (Pralinen) ... 74, *75*
- Himbeertraum ... 182, *183*
- Schokolade, weiße, mit Mandelsplittern, Himbeeren & schwarzem Sesam (Schokoladen-Lollis) ... *98–99*, 99
- Schokoladen-Himbeer-Sorbet ... 203, *203*

Honig
- Honig (Info) ... 218
- Thymian & Heidehonig (Pralinen Variante) ... 70, *71*
- Waldhonig (Pralinen Variante) ... 68, *69*

I

Impfmethode ... 20, 21

Ingwer
- Karamell mit Ingwer (Pralinen) ... 82, *83*
- Zitronengras & Ingwer (Pralinen) ... 66, *67*

Invertzucker (Info) ... 23

J

Japan-Pralinen
- Aprikose & Wasabi ... 72, *73*
- Essig, japanischer schwarzer (Variante) ... 72, *73*

Houji Cha (Variante) ... 72, 73
Matcha (Variante) ... 72, 73
Tee, grüner ... 72, 73
Yuzu (Variante) ... 72, 73
Jasmin
Jasmin (Pralinen Variante) ... 68, 69
Joghurt-Orangen-Eis am Stiel mit Schokoladenüberzug & Kakaobruch ... 204, 205
Johannisbeeren, Schwarze
Cassis & Hibiskus (Trüffeln) ... 38, 39
Johannisbeer-Schokoladenküsse ... 124, 125
Schokoladentörtchen mit Schwarzen Johannisbeeren & Birnen ... 180, 181
Wacholderbeere & Schwarze Johannisbeere (Pralinen) ... 74, 75

K

Kaffee
Kaffee & Walnuss (Pralinen) ... 63, 65
Kaffee-Macarons ... 118, 119
Schokoladen-Kaffee-Eis in knusprigen Schokoladenwaffeln ... 206, 207
Kakaobaum (Info) ... 12, 14
Kakaobohnen (Info) ... 14, 14
Kakaobruch
Grapefruitschalen, kandierte, mit Kakaobruch ... 103–104, 105
Joghurt-Orangen-Eis am Stiel mit Schokoladenüberzug & Kakaobruch ... 204, 205
Kakaobruch (Info) ... 14, 14, 16
Milchschokolade mit kandierten Orangenschalen, Salzpistazien & Kakaobruch (Schokoladen-Lollis) ... 98, 99
Schokolade, weiße, & Kakaobruch ... 96, 97
Schokoladenkekse mit Kakaobruch ... 146, 147
Kakaobutter
Kakaobutter (Info) ... 14, 14
Schokoladen-Kakaobutter-Lösung ... 29
Kakaofrüchte (Info) ... 14, 14
Kakaomasse (Info) ... 14, 14
Kakaopulver (Info) ... 14, 14, 16
Karamell
»Caramel mou« mit Meersalz ... 114, 115
»Caramel mou« mit Schokolade ... 114, 115
Karamell mit Orange & Balsamico-Essig ... 80, 80–81
Karamell mit Ingwer (Pralinen) ... 82, 83
Karamell mit schwarzen Oliven & Tomaten (Pralinen) ... 82, 83
Salzbutter-Muscovado-Karamell (Pralinen) ... 82, 83
Salzkaramell ... 78–79, 79
Tartes, kleine, mit Salzkaramell ... 190, 191
Karamellbrocken ... 110–111, 111
Kardamom
Kardamom (Pralinen Variante) ... 66, 67
Kinako
Haselnüsse, karamellisierte, in Kinako-Pulver ... 103–104, 105
Sake, japanischer, & Kinako (Trüffeln) ... 38, 39
Kinako (Info) ... 218
Kirschen
Kirschen in Schokolade ... 106, 106–107
Schwarzwälder Kirschtorte ... 177, 179
Schwarzwälder-Kirsch-Shake ... 214, 215
Kokos
Eis mit karamellisierter weißer Schokolade & Miso-Paste in Orangen-Kokos-Waffeln (Variante) ... 206, 207
Schokoladen-Kokos-Riegel ... 114, 115
Kräuter trocknen ... 68
Krokant
Krokant-Törtchen ... 122, 123
Marone & Krokant (Trüffeln) ... 40, 41
Walnusskrokant ... 94–95, 95
Kuchen
Schokokuchen ... 142, 143
Schokoladenkuchen mit Feigen ... 132, 133
Schokoladen-Pistazien-Kuchen ... 134, 135

L

Lavendel
Lavendel, frischer (Pralinen Variante) ... 68, 69

M

Macarons
Kaffee-Macarons ... 118, 119
Pistazien-Macarons ... 193
Schokoladen-Macarons ... 118, 119
Mandelmilch-Eis am Stiel mit nussigem Schokoladenüberzug ... 204, 205
Mandeln
Mandeln (Info) ... 218
Mandeln, kandierte, mit Gianduja ... 102, 103
Mandelsplitter ... 102, 103
Maracuja
Maracuja & Mango (Pralinen) ... 74, 75
Schokoladen-Financiers mit Maracuja-Curd ... 172, 173
Maronen
Brownies mit Maronen & Sesam ... 137, 137
Mont-Blanc mit Schokolade ... 168, 169
Marone & Krokant (Trüffeln) ... 40, 41
Maronenpüree ... 40
Marzipan
Pistazien-Marzipan ... 52, 52–53
Pistazien-Marzipan-Schicht ... 52
Matcha
Matcha (Info) ... 218
Matcha (Japan-Pralinen Variante) ... 72, 73
Matcha-Schoko-Milch, heiße, mit Grüntee-Küchlein ... 212, 213
Shortbread mit Schokolade & Matcha ... 143, 143
Törtchen mit Matcha & Schokolade ... 184, 185
Trüffeln mit Matcha & Pistazien ... 33, 32–33
Meersalz
»Caramel mou« mit Meersalz ... 114, 115
Rosmarin & Meersalz (Schokoladentafeln) ... 90–91, 91
Milchschokolade
Milchschokolade (Info) ... 16
Milchschokolade mit kandierten Orangenschalen, Salzpistazien & Kakaobruch (Schokoladen-Lollis) ... 98, 99
Sesam, gerösteter, & Milchschokolade (Schokoladenblättchen) ... 96, 96–97
Trüffeln mit Milchschokolade ... 30, 31
Millefeuille ... 166, 167
»Millionaire's Shortbread« ... 112, 113
Minze
Minze (Pralinen Variante) ... 90, 91
Minze, frische (Pralinen Variante) ... 70, 71
Schokoladendrink mit Minze und Crème Chantilly ... 214, 215
»Molleaux au chocolat« ... 130, 131
Mont-Blanc mit Schokolade ... 168, 169
Mousse au chocolat ... 160–161, 160–161

N

Nugat
Paris-Brest mit Nugat & Schokolade ... 187, 189
Schokoladen-Nugat-Creme mit Brioche ... 211, 211
Nugatcreme ... 158, 158–159
Nuss-Dacquoise ... 36, 36–37

O

»Opera« mit Pistazien & Schokolade ... 192, 193
Orangen
Joghurt-Orangen-Eis am Stiel mit Schokoladenüberzug & Kakaobruch ... 204, 205
Karamell mit Orange & Balsamico-Essig ... 80, 80–81
Sacher-Schnitten mit Orange ... 174, 175
Orangenküchlein ... 126, 127
Orangenschalen
Milchschokolade mit kandierten Orangenschalen, Salzpistazien & Kakaobruch (Schokoladen-Lollis) ... 98, 99
Orangenschalen, kandierte ... 86, 86
Orangenschalen, kandierte (Schokoladentafeln) ... 88, 89

P

Parfait
Parfait von dunkler Schokolade & Sesam zwischen Schokoladenplätzchen ... 200, 201

Parfait von weißer Schokolade
& Sudachi ... 200, 201
Paris-Brest mit Nugat &
Schokolade ... 187, 189
Pâté de fruits ... 56, 56–57
Pfeffer
Basilikum & Pfeffer
(Schokoladentafeln Variante) ... 90, 91
Sichuanpfeffer
(Pralinen Variante) ... 66, 67
Pistazien
Milchschokolade mit kandierten
Orangenschalen, Salzpistazien &
Kakaobruch (Schokoladen-Lollis) ... 98, 99
»Opera« mit Pistazien &
Schokolade ... 192, 193
Pistazien & Toscano (Pralinen) ... 63, 64
Salzpistazien, kandierte ... 87, 87
Schokolade, dunkle,
mit kandierten
Pistazien, Sesam &
Cranberrys (Schokoladen-Lollis) ... 98, 99
Schokoladen-Pistazien-Kuchen ... 134, 135
Trüffeln mit Matcha & Pistazien ... 33, 32–33
Pistazien-Marzipan ... 52, 52–53
Pistazien-Marzipan-Schicht ... 52
Plätzchen
Chocolate-Chip-Cookies ... 146, 147
Florentiner-Variation ... 138, 139
Schokogebäck, mürbes ... 144, 145
Schokoladenkekse mit
Kakaobruch ... 146, 147
Schokoladen-Sandplätzchen ... 146, 147
Schwarz-Weiß-Gebäck ... 148, 149
Pralinen in Formen herstellen ... 76, 76–77
Pralinen mit aromatisierter
Ganache zubereiten ... 45, 45
Pralinen mit Gelee-Schicht
zubereiten ... 47, 47
Pralinen mit Gewürzen
Kardamom (Variante) ... 66, 67
Sichuanpfeffer (Variante) ... 66, 67
Sternanis (Variante) ... 66, 67
Zitronengras & Ingwer ... 66, 67
Pralinen mit Karamell
Karamell mit Ingwer ... 82, 83
Karamell mit schwarzen Oliven
& Tomaten ... 82, 83
Salzbutter-Muscovado-Karamell ... 82, 83
Pralinen mit Kräutern
Estragon & Senf ... 70, 71
Jasmin (Variante) ... 68, 69
Lavendel, frischer (Variante) ... 68, 69
Minze, frische (Variante) ... 70, 71
Rosmarin & Olivenöl ... 68, 69
Shiso (Variante) ... 70, 71
Thai-Basilikum (Variante) ... 68, 69
Thymian & Heidehonig (Variante) ... 70, 71
Waldhonig (Variante) ... 68, 69
Pralinen mit Nüssen & Samen
Chuao ... 63, 65
Kaffee & Walnuss ... 63, 65
Piemont-Haselnuss ... 63, 64
Pistazien & Toscano ... 63, 64
Sesam, gerösteter (Variante) ... 63, 65
Pralinen, fruchtige
Apfel & Brombeere (Variante) ... 74, 75
Himbeere & Toscano ... 74, 75
Maracuja & Mango ... 74, 75
Wacholderbeere & Schwarze
Johannisbeere ... 74, 75

R

Riegel
»Caramel mou« mit Meersalz ... 114, 115
»Caramel mou« mit Schokolade ... 114, 115
Schoko-Knusperriegel ... 92, 92–93
Schokoladen-Kokos-Riegel ... 114, 115
Rosmarin
Rosmarin & Meersalz
(Schokoladentafeln) ... 90–91, 91
Rosmarin & Olivenöl (Pralinen) ... 68, 69
Rum-Rosinen-Häppchen ... 117, 117
Rum-Rosinen-Küchlein ... 136, 136

S

Sacher-Schnitten mit Orange ... 174, 175
Salzkaramell ... 78–79, 79
Salzpistazien, kandierte ... 87, 87
Schichtpralinen zubereiten ... 46, 46
Schnee, süßer (Info) ... 218
Schokoladen-Madeleines ... 130, 131
Schokogebäck, mürbes ... 144, 145
Schoko-Knusperriegel ... 92, 92–93
Schokokuchen ... 142, 143
Schokoküchlein mit
Zimt-Ganache ... 144, 144
Schokolade kaufen (Info) ... 16
Schokolade temperieren ... 18, 18–19
Schokolade verkosten (Info) ... 17
Schokolade, dunkle
»Baba au Rhum« mit
Schokolade ... 162, 163
Biskuitroulade mit Schokolade
& Aprikosen ... 170, 171
»Caramel mou« mit
Schokolade ... 114, 115
Mousse au Chocolat ... 160–161, 160–161
»Opera« mit Pistazien &
Schokolade ... 192, 193
Parfait von dunkler
Schokolade & Sesam
zwischen Schokoladenplätzchen ... 200, 201
Paris-Brest mit Nugat &
Schokolade ... 187, 189
Schokolade, dunkle (Info) ... 16
Schokolade, dunkle, mit kandierten
Pistazien, Sesam & Cranberrys
(Schokoladen-Lollis) ... 98, 99
Schokolade, weiße
Parfait von weißer Schokolade &
Sudachi ... 200, 201
Schokolade, weiße (Info) ... 16
Schokolade, weiße, & Kakaobruch
(Schokoladenblättchen) ... 96, 97
Schokolade, weiße, mit
Mandelsplittern, Himbeeren
& schwarzem Sesam
(Schokoladen-Lollis) ... 98–99, 99
Schokoladen-Baiser ... 116, 117
Schokoladenblättchen
Sesam, gerösteter,
& Milchschokolade ... 96, 96–97
Schokolade, weiße, &
Kakaobruch ... 96, 97
Schokoladendrink mit Minze
und Crème Chantilly ... 214, 215
Schokoladen-Erdnuss-Eis ... 202, 202
Schokoladen-Financiers mit
Maracuja-Curd ... 172, 173
Schokoladen-Financiers mit
Yuzu-Ganache ... 140, 141
Schokoladenfolie, arbeiten mit ... 154
Schokoladen-Himbeer-Sorbet ... 203, 203
Schokoladen-Kaffee-Eis in
knusprigen Schokoladenwaffeln ... 206, 207
Schokoladen-Kakaobutter-Lösung ... 29
Schokoladenkekse mit Kakaobruch ... 146, 147
Schokoladen-Kokos-Riegel ... 114, 115
Schokoladenkuchen mit Feigen ... 132, 133
Schokoladenkugeln ... 153, 153
Schokoladenkuvertüre (Info) ... 14, 14–15, 16, 218
Schokoladenlocken ... 155, 155
Schokoladen-Lollis
Schokolade, dunkle,
mit kandierten Pistazien,
Sesam & Cranberrys ... 98, 99
Milchschokolade mit kandierten
Orangenschalen, Salzpistazien &
Kakaobruch ... 98, 99
Schokolade, weiße, mit
Mandelsplittern, Himbeeren
& schwarzem Sesam ... 98–99, 99
Schokoladen-Macarons ... 118, 119
Schokoladen-Nugat-Creme
mit Brioche ... 211, 211
Schokoladen-Pistazien-Kuchen ... 134, 135
Schokoladenringe ... 154, 154
Schokoladen-Rochers ... 112, 112
Schokoladenröllchen ... 152, 153
Schokoladen-Sandplätzchen ... 146, 147
Schokoladensauce
Vanilleeis mit Schokoladensauce ... 210, 210
Schokoladensegel ... 153, 153
Schokoladentafeln mit Früchten
& Nüssen
Aprikosen & Cranberrys ... 88, 89
Herbstfrüchte ... 88, 89
Orangenschalen, kandierte ... 88, 89
Schokoladentafeln, aromatisierte
Basilikum & Pfeffer (Variante) ... 90, 91
Minze (Variante) ... 90, 91
Rosmarin & Meersalz ... 90–91, 91

Schokoladen-Tartes *164*, 165
Schokoladentörtchen mit
Schwarzen Johannisbeeren
& Birnen 180, *181*
Schokoladenwellen 155, *155*
Schokoladenwellen, gespritzte 155, *155*
Schoko-Milchshake 214, *215*
Schwarzwälder Kirschtorte 177, *179*
Schwarzwälder-Kirsch-Shake 214, *215*
Schwarz-Weiß-Gebäck 148, *149*
Senf
Estragon & Senf (Pralinen) 70, *71*
Ganache mit Estragon & Senf 48, *48–51*
Sesam
Brownies mit Maronen & Sesam 137, *137*
Schokolade, dunkle,
mit kandierten Pistazien,
Sesam & Cranberrys
(Schokoladen-Lollis) *98*, 99
Schokolade, weiße,
mit Mandelsplittern, Himbeeren
& schwarzem Sesam
(Schokoladen-Lollis) *98–99*, 99
Sesam, gerösteter
(Pralinen Variante) *63*, 65
Sesam, gerösteter, &
Milchschokolade
(Schokoladenblättchen) 96, *96–97*
Parfait von dunkler
Schokolade & Sesam
zwischen Schokoladenplätzchen 200, *201*
Shiso
Shiso (Pralinen Variante) 70, *71*
Shortbread
»Millionaire's Shortbread« 112, *113*
Shortbread mit Schokolade
& Matcha 143, *143*
Sorbet
Schokoladen-Himbeer-Sorbet 203, *203*
Sternanis
Sternanis (Pralinen Variante) 66, *67*

T

Tartes
Schokoladen-Tartes *164*, 165
Tartes, kleine, mit Salzkaramell 190, *191*
Temperieren
Impfmethode 20, 21
Schokolade temperieren 18, *18–19*
Temperieren auf Marmor 19
Thymian
Thymian & Heidehonig
(Pralinen Variante) 70, *71*
Tiramisu in Schoko-Schatullen 195, *197*
Törtchen
Krokant-Törtchen 122, *123*
Schokoladentörtchen mit
Schwarzen Johannisbeeren
& Birnen 180, *181*
Törtchen mit Matcha &
Schokolade *184*, 185
Trinitario (Info) 12
Tropical Breeze *216*, 217
Trüffeln
Cassis & Hibiskus 38, *39*
Champagner (Variante) 38, *39*
Himbeer 38, *39*
Sake, japanischer, & Kinako 38, *39*
Marone & Krokant 40, *41*
Trüffeln mit Matcha & Pistazien 33, *32–33*
Trüffeln mit Milchschokolade 30, *31*
Trüffeln (Info) 27
Trüffeln, dunkle 30, *31*
Yamazaki-Whisky-Trüffeln mit
Dacquoise-Hülle 35, *34–35*

V

Vanilleeis mit Schokoladensauce 210, *210*
Vanilleschoten (Info) 218
Vier Häppchen
Grapefruitschalen, kandierte,
mit Kakaobruch *103–104*, 105
Haselnüsse, karamellisierte,
in Kinako-Pulver *103–104*, 105
Mandeln, kandierte,
mit Gianduja 102, *103*
Mandelsplitter 102, *103*

W

Wacholderbeeren
Wacholderbeere &
Schwarze Johannisbeere
(Pralinen) 74, *75*
Waffeln
Eis mit karamellisierter weißer
Schokolade & Miso-Paste in
Orangen-Kokos-Waffeln
(Variante) 206, 207
Gianduja-Eiscreme in knusprigen
Schokoladenwaffeln (Variante) 206, 207
Schokoladen-Kaffee-Eis in
knusprigen Schokoladenwaffeln 206, 207
Walnuss
Kaffee & Walnuss (Pralinen) *63*, 65
Walnusskrokant *94–95*, 95
Weißer-Schokoladen-Martini 217, 217

Y

Yamazaki-Whisky-Trüffeln mit
Dacquoise-Hülle 35, *34–35*
Yuzu
Yuzu (Japan-Pralinen Variante) 72, *73*
Yuzu (Info) 218

Z

Zitronengras
Zitronengras & Ingwer (Pralinen) 66, *67*
Zucker (Info) 218

BEZUGSQUELLEN

ZUTATEN

SCHOKOLADENKUVERTÜRE

www.amedei.com
www.valrhona.com

www.chocolats-de-luxe.de
www.winterfeldt-schokoladen.de
http://worldwidechocolate.com

WEITERE ZUTATEN FÜR PATISSERIE & CHOCOLATERIE

www.bosfood.de
www.gustini.de

www.feinkost-shop.ch

JAPANISCHE SPEZIALITÄTEN

www.japan-feinkost.de
www.otsumami-land.com
www.my-asia-shop.com

TEESPEZIALITÄTEN

www.tee-gourmet.de
www.tee-und-tee.de
www.tee-stuebli.ch
www.teewelt.at

AUSSTATTUNG

BACKFORMEN, SILIKONMATTEN & SCHOKOLADENFOLIEN

www.cardin-deko.de
www.tortissimo.de
www.sweetart.de

www.backformen-shop.ch
www.backwelt.at

KÜCHENHELFER

www.kochform.de
www.amazon.de

UNSERE GESCHÄFTE IN ENGLAND

William Curley
10 Paved Court
Richmond upon Thames TW9 1LZ

William Curley
198 Ebury Street
Belgravia, London SW1W 8UN

William Curley at Harrods
87–135 Brompton Road
Knightsbridge
London SW1X 7XL

www.williamcurley.co.uk

DANK

Nach einigen Jahren der Suche hatte ich endlich das Glück, einen Herausgeber für dieses Buch zu finden, der meine Vorstellungen geteilt und mich bei der Umsetzung unterstützt hat – herzlichen Dank an Jacqui Smith und ihr hart arbeitendes Team, die all dies ermöglicht haben. Vielen Dank an Robin Rout für das fabelhafte Design, meine Lektorin Abi Waters für ihre schier endlose Geduld und Jose Lasheras für die professionellen und wunderschönen Fotos.

Auch bei den Köchen, die mir eine so wunderbare Ausbildung haben zukommen lassen, möchte ich mich bedanken: Pierre Koffmann, Marco Pierre White, Anton Edelmann, Raymond Blanc und Marc Meneau. Nicht zu vergessen die Köche, die mich während meiner Lehrzeit unter ihre Fittiche genommen haben: Scott Lyall, Willie Pike, Bruce Sanster, Dave Bryson, Benoit Blin und Ian Ironside, der leider nicht mehr unter uns weilt. Dank auch an all die Köche, die so hart für das gute Ansehen unseres Berufes arbeiten.

Besonderer Dank gilt dem Team aus jungen Patissiers und Chocolatiers, die schon einige Jahre für unseren Betrieb arbeiten, darunter Mi-Jung Kim, Sarah Frankland, Lucie Bennett, Vicki Stroud, Alistair Birt, Stephanie Almeida, Melissa Paul, Rosie Fickling und Libby Wells.

Sehr dankbar bin ich auch Alessio und Cecilia Tessieri von Amedei, die uns die beste Schokoladenkuvertüre der Welt liefern und Sir Evelyn Rothschild für seine andauernde Unterstützung. Vielen Dank auch an die Schokoladenexpertin Sara Jayne Stanes, an John Kennedy von TeaSmith, an The Academy of Chocolate, The Academy of Culinary Arts, Ben Elliott und Christabel McConville von Quintessentially, George Vaughan und das gesamte Team von Tannadice.

Schließlich möchte ich mich bei meinen und Suzues Eltern und unseren Familien für ihre emotionale Unterstützung bedanken – sie ist von unschätzbarem Wert.

William Curley